Jim Anderson

Jesus Christus
im Alten Testament
Erkennen und Predigen

D1725901

Lichtzeichen
VERLAG

Edition BSB

Jim Anderson
Jesus Christus im Alten Testament Erkennen und Predigen

1. Auflage 2012
© Lichtzeichen Verlag GmbH, Lage
Edition BSB
Umschlag/Satz: Samuel Janzen

ISBN: 978-3-86954-058-0
Bestell-Nr. 548058

Edition BSB

Abteilung Bibelwissenschaft

Band 1

Die *Edition BSB* wird herausgegeben vom Bibelseminar Bonn (BSB), einer freikirchlichen theologischen Ausbildungsstätte, die Studierende in einem drei- und einem fünfjährigen Ausbildungsgang für die ehrenamtliche und vollzeitliche Mitarbeit in Gemeinde und Mission vorbereitet.

Die *Edition BSB* macht Forschungsergebnisse von Dozenten und Studierenden des BSB einer breiteren Öffentlichkeit zugänglich und möchte so der christlichen Gemeinde im deutschsprachigen Europa dienen.

Bibelseminar Bonn
Ehrental 2-4
53332 Bornheim/Bonn
www.bsb-online.de

Gewidmet meiner lieben Frau Evelyn,
und unseren Kindern
Carmen, Dorothy, Edward und Anita

und unserm Herrn Jesus Christus

„damit Er in allem der Erste sei."
- Kolosserbrief 1,18 -

Inhaltsverzeichnis

I. Einleitung

Evangelikale Pastoren und Prediger, die Jesus Christus von ganzem Herzen lieben, wollen Christus sowohl aus dem Alten als auch aus dem Neuen Testament predigen, damit die Zuhörer zum Glauben an Christus kommen und die Gläubigen in Ihm erbaut werden und näher zu Ihm kommen. Doch weil Prediger häufig Schwierigkeiten damit haben, Christus im Alten Testament zu sehen, wissen sie nicht, wie sie über Ihn anhand von alttestamentlichen Texten predigen können, ohne einen (un)logischen Sprung zu Christus zu machen, der weder zum Text noch zum Predigtkonzept passt. Es erscheint zahlreichen Predigern unmöglich, den Text sachlich und hermeneutisch sauber auszulegen und dabei Christus angemessen in die Predigt einzubinden. Dies führt dazu, dass Christus oft an den Rand der Predigt gedrängt wird oder Er in der Predigt sogar überhaupt keine Erwähnung findet.

Doch nicht nur Prediger, sondern auch viele andere Christen in der Gemeinde, die Jesus von ganzem Herzen lieben, empfinden das Alte Testament als nicht besonders ansprechend, weil sie Jesus im Alten Testament nicht erkennen. Daher wäre es ein segensreicher Dienst, wenn Prediger und Lehrer Jesus im Alten Testament erkennen und predigen würden, ohne dem Text Gewalt anzutun oder hermeneutische Prinzipien zu verletzen. Dieses Werk möchte hilfreiche Anregungen dazu bieten.

Was bedeutet es, Christus zu predigen? Sidney Greidanus beschreibt eine „Predigt über Christus" folgendermaßen:

> . . . wir können „Christus predigen" definieren als *das Verkündigen von Predigten, in denen die Botschaft des Bibeltextes dem Höhepunkt der Offenbarung Gottes in der*

*Person, im Werk und in der Lehre Jesu Christi nachvoll-
ziehbar zugeordnet wird, wie dies auch im Neuen Testament offenbart wird.*[1]

Warum ist es wichtig, Jesus zu predigen? Weil Menschen
die Vergebung von Sünden und das ewige Leben von Gott
nur dann empfangen können, wenn sie Jesus persönlich annehmen. Diese Botschaft muss weit und breit verkündigt
werden.

Wer an den Sohn glaubt, hat ewiges Leben; wer aber dem
Sohn nicht gehorcht, wird das Leben nicht sehen, sondern
der Zorn Gottes bleibt auf ihm. (Johannes 3,36 – Elb)

Wie sollen sie nun den anrufen, an den sie nicht geglaubt
haben? Wie aber sollen sie an den glauben, von dem sie nicht
gehört haben? Wie aber sollen sie hören ohne einen Prediger? (Römerbrief 10,14 – Elb)

Nicht nur ungläubige Menschen brauchen die Botschaft
von Christus. Auch gläubige Menschen benötigen erbauen-
de, christuszentrierte Predigten, damit sie im Glauben wachsen. Jesus selbst erklärt, dass wir ohne eine enge, fortdauern-
de Verbindung zu Ihm, nichts tun können, um echte Frucht
hervorzubringen. Jesus sagt seinen Jüngern am Vorabend der
Kreuzigung:

„Ich bin der Weinstock, <u>ihr</u> seid die Reben. Wer in Mir
bleibt und Ich in ihm, der bringt viel Frucht, **denn ge-
trennt von Mir könnt ihr nichts tun.**"
(Johannesevangelium 15,5 - Elb)

---

[1] Sidney Greidanus, *Preaching Christ from the Old Testament – A Contemporary
Hermeneutical Method.* Eerdmans, 1999. S. 10. Üb. aus dem Englischen.

An Paulus wird die notwendige Haltung deutlich, nämlich dass Christus den Mittelpunkt des Lebens und des Denkens eines Gottesmannes darstellen sollte. Diese Einstellung sollte dazu führen, dass Christus auch im Mittelpunkt der Predigt steht:

Und er hat zu mir gesagt: **Meine Gnade genügt dir,** denn meine Kraft kommt in Schwachheit zur Vollendung. Sehr gerne will ich mich nun vielmehr meiner Schwachheiten rühmen, **damit die Kraft Christi bei mir wohne.** (2. Korintherbrief 12,9 - Elb)

Denn ich bin durchs Gesetz dem Gesetz gestorben, damit ich Gott lebe; ich bin mit Christus gekreuzigt, **und nicht mehr lebe ich, sondern Christus lebt in mir;** was ich aber jetzt im Fleisch lebe, lebe ich im Glauben, und zwar im Glauben an den Sohn Gottes, der mich geliebt und sich selbst für mich hingegeben hat. (Galaterbrief 2,19-20 - Elb)

Daher kann er auch für immer selig machen, die durch ihn zu Gott kommen; denn **er lebt für immer und bittet für sie.** (Hebräerbrief 7,25)

Denn das Leben ist für mich Christus und das Sterben Gewinn. (Philipperbrief 1,21 - Elb)

Was meint Paulus mit der Formulierung „das Leben ist für mich Christus"? Paulus wollte sein Leben, seine Entscheidungen und seinen Dienst für Gott an einer tiefen, innigen Beziehung zu Jesus ausrichten, nicht allein an den Anweisungen und Prinzipien der Schrift. Der Glaube des Paulus war nicht etwas Passives, sondern ein aktives Vertrauen in jedem Bereich und in jeder Angelegenheit seines Lebens.

Christus gab Paulus die Motivation, die Weisheit und die Kraft für richtige Entscheidungen und einen fruchtbaren Dienst. Prediger sollten sich darum bemühen, die Augen der Zuhörer immer wieder auf Jesus zu lenken, statt die Zuhörer lediglich zu ermahnen, die Anweisungen und Prinzipien der Schrift durch ihre eigene Willensstärke zu befolgen.

Gleichzeitig sollte die Betonung Christi, wie sie im Leben des Paulus und auch sonst im Neuen Testament zu beobachten ist, nie dazu veranlassen, den anderen zwei Personen des dreieinigen Gottes nicht die gleiche Wertschätzung, Ehrfurcht und Anbetung entgegenzubringen. Gott der Vater und Gott der Heilige Geist sollten durch die Betonung Jesu nie marginalisiert werden.

Das vorliegende Werk plädiert in keiner Weise dafür, in Predigten ausschließlich die Namen „Jesus" oder „Christus" für Gott zu verwenden! Die Autoren des Neuen Testaments benutzen die Namen „Jesus" und „Christus" insgesamt über 1.500 Mal; gleichzeitig verwenden sie die Bezeichnung „Gott" etwa 1.350 Mal. Manchmal ist nicht unmittelbar ersichtlich, warum ein Autor gerade diesen oder jenen Namen für Gott verwendet. Beispielsweise ist im Neuen Testament etwa 12 Mal vom **„Evangelium Gottes"** die Rede, etwa 12 weitere Male wird der Ausdruck **„Evangelium Jesu/Christi/Gottes Sohn"** verwendet. Daran zeigt sich, dass der Plan Gottes für die Erlösung der Menschen sowohl als Evangelium des dreieinigen Gottes beschrieben werden kann als auch als Evangelium Jesu, der die gute Nachricht durch seinen stellvertretenden Tod am Kreuz ermöglichte.

„Christuszentriert Predigen" bedeutet also nicht, ausschließlich mit den Namen „Jesus" und „Christus" die Botschaften der Bibel zu verkündigen und dabei die Bezeichnung „Gott" zu vernachlässigen. Vielmehr sollte Jesus mit Gott identifiziert werden, weil alle drei Personen in der Dreieinigkeit Gottes eins sind.[2] Die Auswirkungen des Erlösungswerkes Christi, die sowohl im Alten Testament als auch im Neuen Testament erwähnt werden, sollten hervorgehoben werden. Ein besonderes Anliegen der vorliegenden Ausführungen besteht darin, aufzuzeigen, wie die Betonung Christi im Alten Testament auch dann gerechtfertigt ist, wenn sein Name nicht ausdrücklich erwähnt wird.

Dem Plan Gottes entsprechend ist Jesus, der Gott ist und Mensch wurde, der Mittler für alle Menschen geworden. Nur auf der Grundlage des stellvertretenden Todes und der siegreichen Auferstehung Jesu Christi können Menschen die Gnade Gottes zur Vergebung ihrer Sünden und den Sieg über die Sünde empfangen. Christus ist der einzige Weg (1) zur Versöhnung mit Gott und (2) zur Heiligung im Wandel mit Gott.[3] Deswegen werden die Person und das Werk Jesu in der Heiligen Schrift hervorgehoben, damit alle Menschen das Opfer Jesu für ihre Sünden erkennen, wertschätzen und annehmen, so dass sie in alle Ewigkeit Gemeinschaft mit Gott und mit anderen gläubigen Menschen haben können. Es wäre daher ein großer Fehler, die Offenbarungen über Jesus – und zwar auch die im Alten Testament – zu übersehen oder zu vernachlässigen.

Wie hilfreich ist es denn tatsächlich, wenn Prinzipien, Gebote, wunderschöne Poesie, Heldengeschichten und Pro-

---

[2] Johannes 10,30 z. B. bezeugt die Einheit von Jesus und Gott dem Vater.

[3] Christus ist der einzige Weg zu Gott (Johannes 14,6; Apostelgeschichte 4,12), zur Versöhnung (2. Kor. 5,18-21) und zur Heiligung (Johannes 15,1-5; Heb. 7,25). Der stellvertretende Tod Christi ist die einzige Grundlage der Erlösung von gläubigen Menschen – und zwar sowohl für die Menschen, die vor der Kreuzigung Christi lebten, als auch für diejenigen, die nach der Kreuzigung Christi im Neuen Testament leben (Rom. 3,23-26; 1. Mose 15,6; Rom. 4,3).

phetien ausgelegt werden, aber der Verkündiger keine Verbindung zu Jesus herstellt? Gemeindebesucher können solche Predigten zwar genießen, besonders dann, wenn sie mit interessanten Anekdoten, Zitaten und logischen Argumenten verziert sind, *aber die Hilfe, die Zuhörer brauchen*, um den Vorbildern im Text entsprechend zu leben und die Anweisungen Gottes zu erfüllen, können sie nur dadurch empfangen, dass sie zur erlösenden und befähigenden Gnade in Jesus geführt werden. Wie kann eine Predigt wirklich hilfreich sein, wenn sie keine Verbindung zu Jesus enthält?

Nach 1. Korintherbrief 3,17 ist die Ortsgemeinde ein Tempel Gottes[4], ein Ort, an dem wir Gott begegnen. Christus ist nicht nur als Gast in der Gemeinde anwesend. Vielmehr ist Er als Haupt der Gemeinde[5] der Gastgeber. Seine persönliche Gegenwart in der Gemeinde sollte anerkannt und wertgeschätzt werden; entsprechend sollten Hinweise in der Schrift auf Ihn im Gottesdienst thematisiert und verkündigt werden.

Aus diesem Grund sollten wir Sonntag für Sonntag unsere Brüder und Schwestern anhand des Neuen wie des Alten Testaments dazu ermutigen, Jesus zu vertrauen. Jesus immer wieder zu erwähnen, sollte uns nicht langweilen. Graeme Goldsworthy schreibt dazu:

„Wenn der Text richtig ausgelegt wird, muss die Verkündigung über Christus aus allen Teilen der Bibel nie zu ständig wiederkehrenden, oberflächlichen Aussagen

---

[4] Im Kontext von 1. Korintherbrief 3 geht es um eine Ortsgemeinde, die durch Streitigkeiten Schaden genommen hat. Daher benutzt Paulus drei Bilder, um die notwendige Einheit der Gemeinde zu betonen. 1. Die Ortsgemeinde ist wie ein Feld, das der eine bepflanzt und ein anderer bewässert; doch es ist Gott, der die Ernte gibt. 2. Die Ortsgemeinde ist wie ein Gebäude, dessen Fundament Jesus ist, auf dem Menschen bauen. 3. Die Ortsgemeinde ist wie ein Tempel, in dem der Heilige Geist wohnt und den niemand durch Streitigkeiten verderben soll.

[5] Epheserbrief 5,23; Kolosserbrief 1,18.

über Jesus verkommen. Die Schätze in Christus sind unerschöpflich; biblische Theologie ist das Mittel, um sie zu bergen."[6]

Zahlreiche Themen in der Bibel haben in der einen oder anderen Weise mit Jesus zu tun. Genau genommen gibt es überhaupt kein Thema in der Bibel, dass nicht in Verbindung zu Jesus steht. Er ist der Schöpfer von allem und in Ihm „liegen alle Schätze der Weisheit und der Erkenntnis."[7] Er ist ewig und alles ist unter Seiner souveränen Kontrolle. Wir erreichen nie das Ende Seiner Weisheit und Seines guten Rates für uns Menschen. Wenn wir die breite Vielfalt an Erzählungen betrachten, die in der Schrift unsere Sünden und Schwächen thematisieren, wird uns deutlich, wie wichtig es ist, die Gnade und Hilfe Jesu für uns immer wieder anzuschauen und in Anspruch zu nehmen.

---

[6] Graeme Goldsworthy, *Preaching the Whole Bible as Christian Scripture, The Application of Biblical Theology to Expository Preaching.* Nottingham, England: Inter-Varsity Press, 2000. S 30. Üb. aus dem Englischen.

[7] Kolosserbrief 2,3.

II. Zeugen für das Predigen von Christus aus dem Alten Testament

Uns ist klar, dass jeder Mensch eine innige Beziehung zu Christus braucht – sowohl für die Erlösung als auch für Wachstum und Frucht. Aber ist es überhaupt möglich, Jesus immer wieder aus dem Alten Testament zu predigen? Begegnen wir Jesus im Alten Testament?

Auf den folgenden Seiten soll die These begründet werden, dass es genauso unmöglich ist, Gott den Sohn aus dem Alten Testament zu verbannen, wie es unmöglich ist, Gott den Vater oder Gott den Heiligen Geist aus dem Neuen Testament zu verbannen. Gott der Vater, Gott der Sohn und Gott der Heilige Geist sind im Alten Testament ebenso allgegenwärtig, wie sie im Neuen Testament allgegenwärtig sind.

Jesus selbst bezeugte, dass das Alte Testament von Ihm redet.

An dem Sabbat, an dem Jesus einen Menschen heilte, der achtunddreißig Jahre lang gelähmte gewesen war, lehnten die Juden Jesus ab und versuchten sogar, Ihn zu steinigen. Zwei Gründe dafür werden im Text angegeben: (1) Jesus heilte an einem Sabbat und (2) Jesus redete über Gott als Seinen Vater; Er „machte sich selbst Gott gleich".[8] Die Juden verstanden Jesu Anspruch, Gott zu sein, richtig, doch sie verstanden die Aussagen des Alten Testaments über Ihn nicht. Jesus deckte ihre Fehler auf:

Ihr erforscht die Schriften, denn ihr meint, in ihnen ewiges Leben zu haben, **und *sie* sind es, die von Mir zeu-**

---

[8] Johannesevangelium 5,1-18.

gen; und ihr wollt nicht zu Mir kommen, damit ihr Leben habt. (Johannesevangelium 5,39-40 - Elb)

Meint nicht, dass Ich euch bei dem Vater verklagen werde; da ist <u>einer</u>, der euch verklagt, Mose, auf den <u>ihr</u> eure Hoffnung gesetzt habt. Denn wenn ihr Mose glaubtet, so würdet ihr Mir glauben, **denn er hat von Mir geschrieben.** (Johannesevangelium 5,45-56 - Elb)

Doch nicht nur die jüdischen Behörden, sondern auch Jesu Jünger erkannten nicht, dass das Alte Testament über Ihn redet. Nach seiner Auferstehung sagte Er zu den zwei Jüngern auf dem Weg nach Emmaus, dass sogar alle drei Teile des Alten Testaments (Gesetz, Propheten und Schriften) über Ihn reden. Er tadelte sie sogar dafür, dass sie die Aussagen über Ihn im Alten Testament nicht geglaubt hatten.

Und Er sprach zu ihnen: O ihr Unverständigen [ἀνόητοι - das Gegenteil von σοφός (weise)] und im Herzen <u>zu</u> träge, an alles zu glauben, was die Propheten geredet haben! Musste nicht der Christus dies leiden und in seine Herrlichkeit hineingehen? Und von **Mose** und von **allen Propheten anfangend**, erklärte Er ihnen in **allen Schriften** das, was Ihn betraf.
(Lukas 24,25-27 - Elb)

Nachdem Jesus zu den Emmaus Jüngern geredet hatte, erschien Er in Jerusalem und redete mit den versammelten Aposteln.

Er sprach aber zu ihnen: Dies sind meine Worte, die Ich zu euch redete, als Ich noch bei euch war, dass alles erfüllt werden muss, was über Mich geschrieben steht **in dem**

Gesetz Moses und in den Propheten und Psalmen."
(Lukas 24,44 - Elb)

Das Gesetz des Moses, die Propheten und die Schriften[9] bezeichnen die drei Teile des Alten Testaments, und zwar entsprechend der Einteilung der damaligen Juden. Wie enttäuscht muss Jesus gewesen sein, als Er Seine Jünger tadelte? Selbst die Apostel, die eine solch enge Gemeinschaft mit Ihm genossen hatten, übersahen die Aussagen über Ihn im Alten Testament. Pastoren und Prediger sollten diese Aussagen Jesu im Blick haben und denselben Irrtum vermeiden.

Das Zeugnis des Paulus, wie er Jesus predigte

Die Bibel des Paulus bestand hauptsächlich aus dem Alten Testament; möglicherweise besaß er zudem einige frühe Schriften des Neuen Testaments. In jedem Fall verwendet er auffallend häufig Stellen aus dem Alten Testament. In seinen dreizehn Briefen finden sich etwa 192 Stellen oder Satzteile aus dem Alten Testament.[10]

Was hat Paulus inhaltlich gepredigt? Es ist nicht zu übersehen, dass sein Herz völlig darauf ausgerichtet war, nichts anderes als Christus und die mannigfaltigen Facetten und Auswirkungen Seiner Erlösung zu predigen. Er schrieb an die Korinther:

Und ich, als ich zu euch kam, Brüder, kam nicht, um euch mit Vortrefflichkeit der Rede oder Weisheit das Geheimnis Gottes **zu verkündigen.** Denn ich nahm mir vor, nichts

---

[9] Der dritte Teil des AT, die sog. „Schriften", wird in Lukas 24,44 „Psalmen" genannt, weil der dritte Teil in manchen Texten des hebräischen AT mit den Psalmen beginnt.

[10] Westcott and Hort. *The New Testament in the Original Greek.* New York: The MacMillan Company, 1951. S. 608-612.

anderes unter euch zu wissen, **als nur Jesus Christus, und _Ihn_ als gekreuzigt.**" (1. Korintherbrief 2,1-2 - Elb)

Wenn wir den Verkündigungsdienst des Paulus anhand seiner Briefe analysieren, erkennen wir den Fokus seiner Predigt auf Christus. Paulus schrieb 13 Bücher des Neuen Testaments mit insgesamt **87 Kapiteln**; darin benutzt er die Bezeichnungen „Jesus" und „Christus" insgesamt etwa **610 Mal** – und damit durchschnittlich mehr als **7 Mal pro Kapitel.**

Paulus hat Jesus in seiner Lehre stark betont, obwohl seine Bibel hauptsächlich aus dem Alten Testament bestand. Wir finden eine ähnliche Betonung Christi in seinen Predigten in Apostelgeschichte. Offensichtlich war er nicht der Meinung, dass es langweilig wäre, in jeder Predigt Jesus zu verkündigen. Er war von einer vorbildlichen und leidenschaftlichen Liebe und Hingabe ergriffen, Jesus zu predigen, denn er war sich bewusst, dass Jesus der Grundstein für die Lösung des Sündenproblems und aller anderen Probleme und Herausforderungen aller Menschen ist. Prediger können zwar praktische Anweisungen aus der Schrift wiedergeben, ohne Jesus zu erwähnen, aber wenn Menschen durch die Predigt Jesus persönlich begegnen, empfangen sie reiche Segnungen und auch die Kraft, die verkündigten biblischen Anweisungen zu befolgen.

Im Neuen Testament findet sich nicht nur bei Paulus eine deutliche Betonung der Person Jesu. Die Verbindung zum Alten Testament ist auch bei allen anderen Autoren des Neuen Testaments unübersehbar. Insgesamt benutzen sie etwa **1067 Stellen oder Satzglieder aus dem AT.**[11] **Die Bezeichnungen „Christus" und „Jesus" kommen über 1.500 Mal**

---

[11] Westcott and Hort. *The New testament in the Original Greek.* .S. 602-618.

im Neuen Testament vor - über 650 Mal allein in den Evangelien und zusätzlich über 850 Mal von der Apostelgeschichte bis zur Offenbarung.[12] Das Neue Testament ist voll von Verbindungen zum Alten Testament und hat die Person und das Werk Jesu Christi zum Hauptthema. Die Schreiber des Neuen Testaments entdeckten Jesus im Alten Testament auf Schritt und Tritt und taten damit das, wozu Jesus selbst seine Nachfolger in Lukas 24,27.44 aufforderte.

Das Zeugnis von Martin Luther, der die Wichtigkeit von Christus in der Predigt betont

Jesus erklärte, dass alle drei Teile des Alten Testaments Ihn bezeugen. Und auch Paulus wollte nichts anderes verkündigen als Jesus und die Facetten und Folgen Seiner Kreuzigung. Doch haben auch Prediger durch die Jahrhunderte der Kirchengeschichte hindurch Jesus im Alten Testament gesehen?

In einem Artikel der Zeitschrift *IDEA Spektrum* über Meinungen zu den wichtigsten Elementen einer Predigt wurde die Ansicht Martin Luthers folgendermaßen zusammengefasst:

Für Luther war die „öffentliche Reizung zum Glauben" die Hauptaufgabe der Theologen. Die entscheidende Begründung für die Predigt ergab sich für ihn aus dem Brief des ‚Apostels Paulus an die Römer 10,17: „So kommt der Glaube aus der Predigt, das Predigen aber aus dem Wort Gottes..."

---

[12] *Bible Works 6- Software for Biblical Exegesis and Research.* Norfolk, Virginia. www.bibleworks.com.

Für Luther war dabei der entscheidende Maßstab für eine gute Predigt, ob sie „Christus predigt und treibt", das heißt, ob sie auf Jesus Christus als Erlöser hinweist.[13]

Das Zeugnis von Charles Haddon Spurgeon

In einer Predigt über 1. Petrusbrief 2,7 („Für euch nun, die ihr glaubt, ist er kostbar; …" - Lut), erzählte Charles Haddon Spurgeon folgende Begebenheit eines walisischen Predigers:

Nachdem ein junger Mann gepredigt hatte, fragte er einen älteren Prediger, was er von der Predigt hielte. „Sie war sehr dürftig", sagte der ältere Bruder. Der junge Mann erwiderte, dass er lange daran gearbeitet hätte; daraufhin räumte der ältere Prediger ein, dass die Erklärungen, die Illustrationen und die Argumente tatsächlich gut waren. Aber dennoch blieb er bei der Bewertung, dass die Predigt „sehr dürftig" gewesen sei. Als der junge Prediger noch einmal nachhakte, erhielt er die Antwort: **„Weil Christus in der Predigt nicht vorkam."** Der junge Mann erwiderte: „Christus war nicht im Text!" Da erklärte der alte Prediger: „Weißt Du nicht, dass es von jedem Dorf und von jeder Siedlung in England, wo auch immer sie liegen mag, einen Weg nach London gibt?" „Jawohl, das weiß ich", sagte der junge Mann. „Und so gibt es von jedem Text in der Schrift einen Weg zu der großen Metropole, zu Jesus. … Ich habe noch nie einen Text gefunden, in dem Christus fehlt. Und selbst wenn ich einen finde, werde ich einen Weg [zu Christus] aufzeigen."[14]

---

[13] IDEA Spektrum, März, 2010, S. 14.

[14] Charles H. Spurgeon, Sermon: „*Christ Precious to Believers*" (March 13, 1859), "Unto you therefore which believe he is precious." – 1. Peter 2,7 Quelle: http://spurgeon.org/sermons/0242.htm. Üb. aus dem Englischen.

Wir erkennen anhand dieses Dialogs, dass es die Leidenschaft Spurgeons war, Jesus zu verkündigen. Es mag sein, dass Spurgeon die Schrift gelegentlich allegorisch auslegte, um einen Weg von einem Textabschnitt zu Jesus zu finden, doch dies ist nicht notwendig. Wir können auch immer einen Weg zu Jesus finden, indem wir saubere hermeneutische Prinzipien anwenden. In jedem Fall sollten wir das Anliegen Spurgeons würdigen, Christus zu predigen.

III. Grundlegende Voraussetzungen für das Erkennen und Predigen von Christus aus dem Alten Testament

Im Folgenden werden einige grundlegende hermeneutische Prinzipien der Auslegung vorgestellt, die absolut notwendig sind, um Jesus im Alten Testament zu erkennen und Ihn zu verkündigen.

A. Die Einheit der Bibel – Altes Testament und Neues Testament

Gott ist der Autor des Alten wie des Neuen Testaments. Paulus schreibt an Timotheus:

> **Alle Schrift ist von Gott eingegeben** und nützlich zur Lehre, zur Überführung, zur Zurechtweisung, zur Unterweisung in der Gerechtigkeit, damit der Mensch Gottes richtig sei, für jedes gute Werk ausgerüstet.
> (2. Timotheusbrief 3,16-17, Elb.)

Weil der dreieinige Gott der Autor beider Testamente ist, weil Gott in Seinen Eigenschaften unwandelbar ist[15] und weil Er der Inbegriff von Wahrheit ist[16], ist es unmöglich, dass Sein Wort im Alten Testament mit Seinem Wort im Neuen Testament nicht übereinstimmen könnte. Die beiden Testamente stehen sich nicht im Widerspruch gegenüber, sondern bilden eine Einheit, die von Harmonie, Kontinuität und Fortschritt gekennzeichnet ist. Beide Testamente tragen zur Erfüllung des ewigen Planes Gottes bei.

---

[15] Maleachi 3,6; Hebräerbrief 13,8, Jakobusbrief 1,17.

[16] Johannes 1,14.17; 14,6; 16,13; 17,17; Epheserbrief 4,21; Titusbrief 1,2

Vier wichtige Beobachtungen helfen uns, die Einheit der Bibel zu erkennen:

(1) Gott hat durchgehend von 1. Mose 1 bis Offenbarung 22 den Plan verfolgt, Menschen für die ewige Gemeinschaft mit Ihm vorzubereiten.

Er schuf Menschen in Seinem Bilde, damit sie Ihn verstehen, lieben und anbeten können. Nach dem Sündenfall von Adam und Eva schuf Gott die Erlösung durch das Opfer Christi am Kreuz, das schon im dritten Kapitel des Alten Testaments prophetisch angekündigt wurde. Gott redete mit der „alten Schlange"[17] und prophezeite bildlich die Kreuzigung Jesu für die Sünden der Menschen, aber auch den endgültigen Sieg über Satan durch Christus:

Und ich werde Feindschaft setzen zwischen dir und der Frau, zwischen deinem Samen und ihrem Samen; *er* **wird dir den Kopf zermalmen, und du, du wirst ihm die Ferse zermalmen.** (1. Mose 3,15 - Elb)

Im Alten wie im Neuen Testament gab Gott Menschen immer wieder die Gelegenheit, sich mit Ihm zu versöhnen, damit sie Vergebung bekommen und Gemeinschaft mit Ihm haben können. Im letzten Kapitel der Bibel werden die Menschen mit folgenden Worten eingeladen, zu Jesus zu kommen, um gerettet zu werden:

Und der Geist und die Braut sagen: Komm! Und wer es hört, spreche: Komm! Und wen dürstet, der komme! Wer da will, nehme das Wasser des Lebens umsonst! (Offenbarung 22,17 - Elb)

---

[17] Identifiziert als der Teufel und Satan in Offenbarung 12,9 und 20,2.

(2) Wir erkennen die Einheit der ganzen Bibel auch daran, dass Gott – als Teil Seines Planes – im Alten Testament Vorbereitungen getroffen und entsprechende Erfüllungen im Neuen Testament bewirkt hat.

Jesus sagt in der Bergpredigt:

> Ihr sollt nicht meinen, dass ich gekommen bin, das Gesetz oder die Propheten aufzulösen; ich bin nicht gekommen aufzulösen, **sondern zu erfüllen**. Denn wahrlich, ich sage euch: Bis Himmel und Erde vergehen, wird nicht vergehen der kleinste Buchstabe noch ein Tüpfelchen vom Gesetz, bis es alles geschieht. Wer nun eines von diesen kleinsten Geboten auflöst und lehrt die Leute so, der wird der Kleinste heißen im Himmelreich; wer es aber tut und lehrt, der wird groß heißen im Himmelreich.
> (Matthäus 5,17-19 - Lut)

In und durch Jesus wurden zur Zeit des Neuen Testaments zahlreiche Prophetien erfüllt, so zum Beispiel die Prophetie, dass der Messias in Bethlehem durch eine Jungfrau geboren wird. Auch das Opfersystem war eine bildliche Vorbereitung für das Kommen des Lammes Gottes. Des Weiteren war das Versagen des Volkes im Alten Testament, die Gebote Gottes zu halten, ebenso eine hinweisende Vorbereitung für die Notwendigkeit der Vergebung, die durch den stellvertretenden Tod Jesu im Neuen Testament ermöglicht wurde.

(3) Zusätzlich zu der Erfüllung von Prophetien wurden im Neuen Testament neue Offenbarungen gegeben, die vieles im Alten Testament erklären.

Die neuen Offenbarungen im Neuen Testament widersprechen nicht den Offenbarungen im Alten Testament, sondern beleuchten Dinge, die dort noch Geheimnisse waren. Der Dienst des Messias wird im Alten Testament angekündigt, aber nicht so detailliert erklärt wie im Neuen. Die Identität des Messias wird erst im Neuen Testament endgültig offenbart. Die Zusammenfassung von Juden(christen) und Heiden(christen) war im Alten Testament noch ein Mysterium, das erst im Neuen Testament deutlich zu Tage tritt.

Auch auf die Dreieinigkeit Gottes gibt es im Alten Testament Hinweise, aber diese wichtige Lehre wird erst im Neuen Testament endgültig offenbart. Auf diese Lehre, die für das Erkennen Jesu im Alten Testament grundlegend ist, wird im Hauptteil vertieft einzugehen sein.

Gott hat Seinem Volk das Neue Testament gegeben, um dem Alte Testament eine bereichernde, aber auch notwendige Ergänzung hinzuzufügen. Weil Gott Seinem Volk mit dem Neuen Testament Ergänzungen und Erklärungen zum Alten Testament gegeben hat, ist es unangemessen und grenzt an Ungehorsam, diese Offenbarungen zu ignorieren.

(4) Bezüglich der Einheit der Bibel und der biblischen Heilsgeschichte erkennen wir durch das Neue Testament, dass es in der gesamten Bibel nur eine Grundlage für die geistliche Rettung der Menschen gibt.

Die Menschen im Alten Testament wurden auf die gleiche Weise gerettet wie wir im Neuen Testament gerettet werden, nämlich auf der Grundlage der Gnade Gottes in Christus; Vertrauen ist das Mittel, durch das diese Gnade Gottes angenommen wird.

Jemand könnte einwenden: „Jesus war noch nicht für die Sünden gestorben, als im Alten Testament Menschen gerettet wurden. Wurden sie nicht dadurch gerettet, dass sie Gott gehorchten und Tiere opferten?"

Die Antwort darauf finden wir im Römerbrief:

> . . . sie sind allesamt Sünder und ermangeln des Ruhmes, den sie bei Gott haben sollten, und **werden ohne Verdienst gerecht aus seiner Gnade durch die Erlösung, die durch Christus Jesus geschehen ist.** Den hat Gott für den Glauben hingestellt als Sühne in seinem Blut zum Erweis seiner Gerechtigkeit, **indem er die Sünden vergibt, die früher begangen wurden in der Zeit seiner Geduld,** um nun in dieser Zeit seine Gerechtigkeit zu erweisen, dass er selbst gerecht ist und gerecht macht den, der da ist aus dem Glauben an Jesus.
> (Römerbrief 3,23-26 - Lut)

In der Zeit des Alten Testaments, also bevor Jesus den Preis für die Sünden der Menschen bezahlte, war Gott mit den Menschen, die an Ihn glaubten, geduldig. Wenn Menschen ihre Sünden bekannten und Gott in Bezug auf die Vergebung vertrauten, wurden ihre Sünden durch die Gnade Gottes **vergeben und bedeckt,** aber die **Strafe für diese Sünden war noch nicht bezahlt;** daher wurden die Sünden **noch nicht weggenommen.**

Die Vergebung zur Zeit des Alten Testaments war nur möglich, weil Gott vorhatte, Jesus für die Sünden aller Menschen sterben zu lassen und somit die Strafe für ihre Sünden **zu bezahlen;** auf diese Weise wurden die Sünden der gläubigen Menschen **nachträglich weggenommen.** Im Endeffekt wurden also die Menschen im Alten Testament ebenso wie die im Neuen Testament und die Menschen heute durch das Opfer Jesu am Kreuz gerettet.

Dadurch, dass Jesus auch den Preis für die Sünden der gläubigen Menschen im Alten Testament bezahlte, zeigte er, dass er die Sünden nicht unbestraft lassen wollte und konnte. Durch das Opfer Jesu wurde die Kritik derjenigen zurückgewiesen, die einwenden könnten, dass die Vergebung im Alten Testament ungerecht war. Niemand im Alten Testament hätte gerettet werden können, wenn Jesus nicht am Kreuz für ihre Sünden gestorben wäre. Wir erkennen also die Wirksamkeit der Erlösung Christi im Leben eines jeden gläubigen Menschen, **sowohl im Alten also auch im Neuen Testament.** Über Abraham heißt es:

Und er glaubte dem HERRN; und er rechnete es ihm als Gerechtigkeit an. (1. Mose 15,6 - Elb)[18]

In Predigten über gläubige Menschen im Alten Testament wie Abraham, sollte der heutige Prediger daher erwähnen: „Jeder von uns kann, ebenso wie dieser, durch das Opfer Jesu am Kreuz gerettet werden." Wenn diese Grundlage der Rettung von Menschen im Alten Testament verschwiegen wird, könnten die Zuhörer meinen, dass die Gläubigen im Alten Testament durch Gehorsam und Werke gerettet wurden.

Adam, Mose, Josua, etc. **Vertrauen zu Gott** ⟷ **Rettung durch Jesus** ✝

Diese Rettung durch Christus beinhaltete für die Menschen im Alten Testament – ebenso wie für die Menschen im Neuen Testament – eine Rettung

---

[18] Er vertraute dem „HERRN" (Jahwe) – ein Ausdruck, der im Alten Testament den dreieinigen Gott bezeichnet. Siehe auch Römerbrief 4 bezüglich der Rechtfertigung Abrahams durch seinen Glauben an Gott.

(1) von der <u>Strafe für die Sünde,</u>

(2) von der herrschenden <u>Macht der Sünde</u> und

(3) von der <u>Gegenwart der Sünde</u> im Himmel nach dem Leben auf dieser Erde.

B. Das hermeneutische Prinzip des Kontextes (des Zusammenhangs)

Wenn wir eine Predigt vorbereiten, ist es notwendig, den Kontext (den Zusammenhang) des Predigttextes zu analysieren. Der Kontext hat verschiedene Elemente, die die Verkündigung von Christus anhand des Alten Testaments beeinflussen.

Wir begrenzen unsere Ausführungen auf vier Aspekte des Predigtkontextes: (1) die Umwelt als Kontext des Autors, einschließlich der Geschichte und der Kultur, (2) der literarische Kontext des alttestamentlichen Buches, unter Berücksichtigung des Themas, der Intention des Autors und der Entfaltung des Buches, (3) der Kontext der ganzen Schrift und des Heilsplanes Gottes in Christus, der von 1. Mose bis Offenbarung durchgehend verläuft, und (4) der Kontext des Zuhörers. Die Wichtigkeit dieser vier Kontexte lässt sich gut an dem Bericht der Heilung des Naaman durch den Dienst von Elisa in 2. Könige 5 aufzeigen.

1. Die historische und kulturelle Umwelt als Kontext des Autors

Eine Analyse der historisch-kulturellen Umwelt des Autors schließt die politischen und religiösen Verhältnisse in Israel zu dieser Zeit ein. Auch die Ereignisse und die persönliche Geschichte der Personen im Text spielen eine Rolle. Elisa, den Gott bei der Heilung von Naaman gebrauchte, war

Prophet. Elisa diente in der Periode des geteilten Königreichs im Nordreich, und zwar in der zweiten Hälfte des 9. Jahrhunderts vor Christus. Als Schüler von Elia besaß er zumindest Kenntnisse der Schriften des Moses, möglicherweise aber auch die einiger anderer älterer Bücher der Bibel, wie z.b. Hiob, Josua, Richter und einige Psalmen.

Naaman war ein Feldhauptmann von Syrien, dem Hauptfeind Israels in jener Zeit. Er war ein Vertrauter des Königs von Syrien, Ben-Hadad (890-841 v. Chr) und war zusammen mit seinem König ein Götzendiener und Anbeter des Gottes Rimmon.[19]

Im Hause von Naaman lebte ein junges jüdisches Mädchen, das von den Syrern verschleppt worden war und der Frau Naamans diente. Sie zeigte echte Sorge und Liebe für Naaman und gab Zeugnis, dass er durch einen Propheten in Israel geheilt werden könnte. Daraufhin reiste Naaman nach Israel. Obwohl Naaman ein Heide und ein Feind Israels war, war Elisa bereit, ihm einen Boten zu senden, um ihm Anweisungen zu geben, durch die er geheilt werden würde.

Aufgrund des Zeugnisses eines hebräischen Dienstmädchens, aufgrund der Mitwirkung des treuen Propheten Elisa und aufgrund der Heilung durch Gott, fing Naaman an, den gnädigen, barmherzigen und wahren Gott Israels anzubeten. Nachdem Naaman von seinem Aussatz geheilt war, bot er Elisa kostbare Geschenke an. Aber Elisa lehnte die Geschenke ab, um zu zeigen, dass nicht er, sondern Jahwe, der Gott Israels, Naaman geheilt hatte. Naaman nahm so viel Erde mit nach Hause, wie zwei Maultiere tragen konnten, damit diese

---

[19] 2. Könige 5,18.

ihn an den Gott Israels erinnerte und damit er diesem Gott auf ihr opfern konnte.[20]

2. Der Kontext des Predigttextes im jeweiligen biblischen Buch

Der zweite Kontext, den der Prediger berücksichtigen muss, ist der Zusammenhang und die Funktion des Predigttextes im Verlauf des jeweiligen biblischen Buches. Was ist die Botschaft von 2. Könige und welche Rolle spielt die Heilung von Naaman in diesem Kontext?

Im Überblick erzählt 2. Könige sowohl den Untergang des Nordreiches Israels, das von Assyrien 722 v. Chr. erobert wurde, als auch den Untergang des Südreiches, das durch die Babylonier 136 Jahre später im Jahre 586 v. Chr. erobert wurde. Die heidnischen Nationen um Israel herum waren gottlos und verdienten das Gericht Gottes; doch das abgefallene Volk Gottes verdiente das Gericht Gottes nicht weniger.[21] Mitten in diesem Kontext der Gottlosigkeit unter den Nationen und des Untergangs Israels, lesen wir von der Gnade Gottes, die sogar einem heidnischen Feldhauptmann zugute kommt, der sowohl geistliche Rettung als auch körperliche Heilung braucht – und sie von Gott erhält!

Bryan Chapell schreibt in seinem Buch über Homiletik, dass bei der Exegese jedes Textes zwei Fragen gestellt werden sollten, damit der Prediger das im Text enthaltende Element der Erlösung herausarbeiten kann.

---

[20] 2. Könige 5,17.

[21] Dieses Prinzip wird besonders in Amos Kap. 1-2 deutlich, als Amos zunächst das Gericht über sechs Nationen prophezeit, die geographisch einen Ring um Israel bilden, und dann zuletzt das Gericht über Juda und Israel ankündigt, das geographisch mitten in diesem Ring liegt. Gott ist so gerecht, nicht nur die Heiden sondern auch Sein Volk zu richten.

Was wird in diesem Text über das Wesen Gottes offenbart, das Erlösung anbietet? Wie spiegelt dieser Text etwas über das Wesen des Menschen wider, der erlösungsbedürftig ist? [22]

Die menschlichen Nöte im Kontext von 2. Könige sind offensichtlich. Im Nordreich Israels, wo Elisa diente, waren die geistlichen Nöte unübersehbar. Sämtliche Könige rebellierten gegen Gott. Kein einziger König im Nordreich, von Anfang bis zum Ende dieses Reiches (931-722 v. Chr.), war Gott wohlgefällig. Zurzeit Elisas regierten die gottlosen Könige Joram (852-841 v. Chr.), Jehu (841-814 v. Chr.), Joahas (814-798 v. Chr.) und Joas (798-782 v. Chr.).

Naaman, der Syrer, befand sich in einer besonderen Notsituation. Er war ein erfolgreicher Kriegsmann, doch er war aussätzig. Er benötigte sowohl geistliche Rettung als auch leibliche Heilung.

Der Text offenbart die Bereitschaft Gottes, Menschen zu vergeben, zu erlösen und ihnen zu helfen. Naaman kam zum rettenden Glauben an Gott und wurde zudem von seinem Aussatz geheilt. Wir haben keinen Hinweis darauf, dass der jüdische König Joram positiv auf die Wunderwirkung Gottes reagierte. Weil die Könige von Israel ihre gottlosen Wege fortsetzten, wurde das Nordreich im Jahr 722 v. Chr. durch Assyrien erobert. Die meisten jüdischen Bürger wurden aus dem Land deportiert.

Auf dem Hintergrund dieses Kontextes kann der Prediger die Gnade Gottes verkündigen, nämlich wie Seine Erlösung dem heidnischen Naaman zuteil wurde – und zwar ähnlich,

---

[22] Bryan Chapell, *Christ-Centered Preaching – Redeeming the Expository Sermon.* Grand Rapids: Baker Academic, 2005. S. 284. Üb. aus dem Englischen.

wie vorher schon der nicht-jüdischen Frau Rahab in Jericho[23] und später der nicht-jüdischen Stadt Ninive.[24] Gott war auch im Alten Testament bereit, Nicht-Juden zu retten, doch ausschließlich auf der Grundlage des zukünftigen Opfers Jesu Christi am Kreuz; diese Tatsache bezeugt das Neue Testament unmissverständlich.

Im Kontext von 2. Könige wird Jesus nicht erwähnt. Die Brücke zu Jesus ist aber deutlich sichtbar: (1) durch die Offenbarung der Liebe und Barmherzigkeit Gottes, die Erlösung ermöglicht; (2) durch die Beschreibung des Zustandes und der Sünde von Menschen, die Erlösung benötigen; und (3) durch den Bericht des Glaubens von Naaman in Verbindung mit Römerbrief 3,23-26. Wir sehen, dass Naaman letztlich durch das Opfer Christi gerettet wurde.

Der Prediger muss die Intention des Autors erkennen, im Kontext des Untergangs des Nordreiches Israels Gottes erlösende Gnade für Naaman hervorzuheben und zu preisen. Gottes Liebe ist unbegrenzt und ohne Ansehen der Person.[25] Jesus erwähnt Naaman im Neuen Testament; obwohl er kein Jude war, dient er als Vorbild dafür, wie Menschen Jesus annehmen sollen.[26] Der Prediger dieses Textes sollte die Erlösung Naamans mit dem Werk Christi verbinden, um die Zuhörer dazu zu ermutigen, der erlösenden Gnade Gottes in Jesus zu vertrauen.

---

[23] Josua 2,8-11; Heb. 11,31.

[24] Jona 3,5-10.

[25] 2. Chron. 19,7; Römerbrief 2,11; Epheserbrief 6,9; Kolosserbrief 3,25; 1. Petrusbrief 1,17.

[26] Lukasevangelium 4,27.

3. Der Kontext des Heilsplanes Gottes in Christus, wie dieser Plan in der ganzen Schrift offenbart wird

Der dritte Kontext, den der Ausleger eines alttestamentlichen Textes berücksichtigen muss, ist der Kontext der ganzen Schrift. Das Alte und das Neue Testament bilden einen großen, einheitlichen, harmonischen und progressiven Kontext.

Das Alte Testament ist eine unerlässliche Hilfe dabei, das Neue Testament zu verstehen. Wir verstehen im Neuen Testament verwendete Ausdrücke wie „Lamm Gottes"[27] und „Menschensohn" erst auf dem Hintergrund des Alten Testaments.[28]

Umgekehrt gilt: ohne das Neue Testament hätten wir die volle Bedeutung des Alten Testaments nie verstehen können. Es gilt das Prinzip: „Die Schrift legt sich selbst aus". Das Neue Testament ist wie ein Scheinwerfer, der Licht auf das Alte Testament wirft, damit dunkle, unklare Stellen durch das Licht des Neuen Testaments hell und klar werden.

C. *Wichtige Lehrsätze, die erst im Neuen Testament deutlich werden*

Das Prinzip der „progressiven Offenbarung" betont die Tatsache, dass frühere Schriften durch spätere Schriften erklärt und ergänzt werden. Don Carson erläutert, dass die Erklärungen und Ergänzungen im Neuen Testament zwei wichtige Funktionen haben:

---

[27] Bei der Rettung Israels aus Ägypten sollte jede Familie ein Lamm opfern, damit der älteste Sohn gerettet wird. Dies wurde als Passopfer bezeichnet (2. Mose 12,3-6.26-27).

[28] Daniel beschreibt den kommenden Messias, dem ein ewiges Reich gegeben wird, als einen „wie ein Menschensohn" (Daniel 7,13-14).

Auf der einen Seite wird das Evangelium gesehen als das, was im Alten Testament prophezeit wurde und jetzt erfüllt ist. Auf der anderen Seite wird es gesehen als das, was im Alten Testament verborgen war und jetzt offenbart wird. Die Art und Weise, wie Sie diese zwei [Aspekte] in der Theologie und auch in der Praxis miteinander verbinden, zeigt wesentlich, wie reif Sie im Umgang mit dem Alten Testament sind.[29]

Im Studium der Theologie des Neuen Testaments entdeckt der Leser wichtige Lehrsätze, die im Alten Testament entweder ganz verborgen oder zumindest nicht deutlich erkennbar waren, wie z.B. (1) die Identität des Messias, (2) die genauere Bedeutung des Leidens des Lammes Gottes, (3) die Beschreibung der zukünftigen Werke Christi und (4) die Lehre der Dreieinigkeit Gottes. Solche Entdeckungen, die der biblischen Theologie des Neuen Testaments entspringen, sind eine unentbehrliche Hilfe für die Auslegung des Alten Testaments: Sie sind genauso wichtig für die Interpretation des Alten Testaments wie eine Untersuchung des geschichtlichen und kulturellen Kontextes sowie eine Analyse der hebräischen Begriffe, der Redewendungen und der Grammatik.
Bryan Chapell, Rektor des Covenant Theological Seminary und langjähriger Lehrer für Homiletik, betont die Notwendigkeit der Berücksichtigung biblischer Theologie als Teil der Predigtvorbereitung:

Die Erkenntnisse der biblischen Theologie sind genauso notwendig für den Prediger, der einen Text auslegen möchte, wie der Beitrag aller anderen exegetischen Befunde. Die Absicht aller Facetten exegetischen Arbeitens (zu denen auch biblische Theologie gehört) sollte darin

---

[29] Don Carson, Panel Discussion on *"Preaching from the Old Testament"*, (Podium Gespräch über "Die Predigt aus dem Alten Testament"). National Conference of the Gospel Coalition, Chicago, April 12, 2011. Üb. aus dem Englischen.

bestehen, den Prediger dazu zu befähigen, die Bedeutung einer bestimmten Passage so zu vermitteln, dass sie mit der Botschaft des Evangeliums der gesamten Schrift übereinstimmt.[30]

D. Jesus Christus ist der Schlüssel zum Verständnis der ganzen Bibel

Im Neuen Testament gibt es den entscheidenden Schlüssel zur maßgebenden Bedeutung der ganzen Schrift. Ohne diesen Schlüssel tappen der Exeget und der Prediger – auch und gerade der des Alten Testaments – immer im Dunkeln. Der unumstrittene Schlüssel zum Plan Gottes in der Schrift ist die Offenbarung in und durch den menschgewordenen Sohn Gottes im Neuen Testament, Jesus Christus. Ohne Jesus hat die Bibel, sowohl das Alte als auch das Neue Testament, keinen endgültigen Sinn für Menschen.

Darrell Bock schreibt:

Er [Jesus] füllt die Lücke aus; er gibt der Verheißung der Schrift Sinn und damit eine einheitliche und vereinigende Botschaft der Hoffnung und Versöhnung, die im Kern des Evangeliums von Christus ist. [31]

Der Kontext der ganzen Bibel ist der alles übergreifende Plan Gottes zur Erlösung der Menschen durch Jesus. Prediger dürfen diesen Plan und dieses Ziel Gottes nie aus den Augen verlieren.

---

[30] Bryan Chapell, *Christ-Centered Preaching*, S. 275. Üb. aus dem Englischen.

[31] Darrell Bock. *In Three Views on the New Testament Use of the Old Testament,* von Walter Kaiser, Darrell Bock und Peter Enns. Stanley Gundry, editor. Grand Rapids: Zondervan, 2008. S. 150. Üb. aus dem Englischen. Darrell Bock ist Professor für biblische Forschung am Dallas Theological Seminary in Dallas, Texas/USA.

Paulus, Spurgeon und andere Prediger der Vergangenheit und der Gegenwart haben dieses christuszentrierte Prinzip erkannt und berücksichtigt. Dadurch verliert man sich nicht in den Details der Ereignisse, Warnungen, Vorbilder, Gesetze und Prinzipien der Schrift auf Kosten des Allerwichtigsten, nämlich des herrlichen Planes Gottes; richtig verstanden leisten diese Details ihren Beitrag zu diesem übergreifenden Plan. *Die Erlösung der Menschen des Neuen wie des Alten Testaments durch Jesus stellt den roten Faden und damit das zentrale Thema der Bibel dar. Prediger sollten sich darum bemühen, zu verstehen, wie alle anderen Themen der Schrift auf dieses Thema, auf Christus, zu beziehen sind.*

Crawford Lorrits, Evangelist, Gemeindegründer, Pastor, Prediger und Homiletiklehrer, erläuterte bei einer Podiumsdiskussion seine Einstellung zu Christus und zu der Erlösung durch Ihn als das zentrale Thema der Schrift folgendermaßen:

Auch wenn es nicht explizit [in einem alttestamentlichen Text] erwähnt wird, so kennen wir doch die ganze Story. Alles steht unter dem Schatten des Kreuzes ... das Kreuz ist das zentrale Thema bei allem, was wir tun, und von allem, was wir sagen. ... Es ist der Hintergrund für jede Botschaft, die ich predige. ... In diesem Sinne gibt es in der Schrift keinen Text, den Sie vom Kreuz trennen können. Und ich glaube, es obliegt uns als Predigern des Evangeliums, diese Verbindung herzustellen.[32]

---

[32] Crawford Lorrits, *Panel Discussion on "Preaching from the Old Testament"*, (Podium Gespräch über "Die Predigt aus dem Alten Testament"). National Conference of the Gospel Coalition, Chicago, April 12, 2011. Üb. aus dem Englischen. http://thegospelcoalition.org/resources/a/preaching_from_the_old_testament Lorrits ist Evangelist, Gemeindegründer, Pastor und Prediger; er lehrte Homiletik an der Trinity Evangelical Divinity School.

Pastor Lorrits ermutigt Prediger dazu, die Behandlung des Textes mit einer engen, persönlichen Beziehung zu Christus zu verknüpfen.

Manchmal unterscheiden wir penibel zwischen dem, wie wir predigen und den Text behandeln, und unserer persönlichen Heiligung und dem Streben, Christus ähnlicher zu werden . . . **Ein Teil des Schlüssels, Christus zu predigen, besteht darin, Jesus radikal, innig, erneuert und leidenschaftlich zu lieben.** [33]

Graeme Goldsworthy nennt zwei Gründe, warum in jeder Predigt notwendigerweise eine Verbindung zu Jesus herzustellen ist, und zwar unabhängig davon, ob der Predigttext aus dem Alten oder aus dem Neuen Testament kommt.

Die erste Begründung ist praktischer Natur, nämlich wegen der Menschen, die vielleicht nur einmal im Gottesdienst sind.

Nehmen wir an, dass wir eine Predigtreihe durch einen Brief halten und an einem bestimmten Sonntag zu einem Text mit ethischen Ermahnungen kommen; wir legen diesen gründlich aus, ignorieren aber den weiteren Kontext des Evangeliums. Indem wir in dieser Weise predigen, bestätigen wir die Missverständnisse über das Christentum von Besuchern, die nur ein Mal im Gottesdienst sind; sie werden denken, dass Christsein tatsächlich im Wesentlichen eine Religion ist, in der jeder versucht, ein gutes Leben zu führen. Schon allein aus diesem Grund bin ich der Meinung, dass wir konsequent christuszentriert predigen sollten.[34]

---

[33] Ebd.

[34] Goldsworthy, *Preaching the Whole Bible*, S. 124. Wir sollen deshalb bei jeder

Diese Begründung gilt selbstverständlich sowohl für das Predigen von Texten aus dem Neuen als auch aus dem Alten Testament, in denen ethische Ermahnungen, Gebote und Befehle vorkommen.

Jesus redet über den Hirten, der die neunundneunzig Schafe, die nicht in Gefahr sind, verlässt, um ein verlorenes Schaf zu suchen und zu retten.[35] Der Prediger kann nicht in die Herzen der Menschen sehen und weiß somit nicht, ob sich im Gottesdienst verlorene Schafe befinden oder nicht. Es gibt aber häufig die Gelegenheit, verlorene Menschen auf die Erlösung hinzuweisen, ohne dass es den Prediger so viel Mühe kostet wie dem Hirten in Jesu Gleichnis. Der Prediger kann die Verbindung des Textthemas zum Erlösungswerk Jesu kreativ bei der Texterläuterung oder der Anwendung herstellen, damit alle Zuhörer verstehen, dass das Christentum in erster Linie eine „Religion der Gnade" und nicht eine Religion der Werke ist.

Goldworthys zweite Begründung für die Unabdingbarkeit einer christuszentrierten Verkündigung bezieht sich auf das Wesen der Predigt.

Das Evangeliumsereignis, auf das unsere Erlösung gegründet ist, muss sorgfältig in Bezug auf das Leben, den Tod und die Auferstehung Jesu Christi beschrieben werden. Aber die Erlösung, die diese Ereignisse bewirkt, bezieht sich auf den gesamten Prozess, durch den die Sünder, die sich unter dem Gericht und dem Zorn Gottes befinden, versöhnt, wiederhergestellt, gerechtfertigt,

---

Predigt einer Predigtreihe über ein Bibelbuch darauf hinweisen, den ganzen Kontext des Buches im Blick zu behalten. Denn es könnte sein, dass der Text für einen Sonntag nur ein Detail behandelt, dessen Sinn isoliert vom Kontext nicht verstanden werden kann.

[35] Lukasevangelium 15,1-7.

geheiligt und letztlich verherrlicht werden. Der gesamte Prozess muss als Erlösung angesehen werden, die erst bei der Vollendung abgeschlossen ist. Es ist entscheidend, dass wir mit Klarheit verkündigen, dass *all* das Früchte des Evangeliums sind – und nicht die Früchte von eigenen Bemühungen, von moralischer Entschlossenheit oder von sonst etwas.

Jede Predigt, die die Absicht hat, den biblischen Text auf die Gemeinde anzuwenden, aber es unterlässt, unmissverständlich deutlich zu machen, dass die Anwendung ausschließlich in und durch Christus verwirklicht werden kann, ist keine christliche Predigt. Sie ist bestenfalls eine Übung in gutem, pietistischem Wunschdenken. Schlimmstenfalls ist sie dämonisch, nämlich Christus-ablehnende Gesetzlichkeit.[36]

Frank Barker nennt einen dritten Grund dafür, Jesus in jede Predigt einzubeziehen. Da Barker die Gemeindemitglieder dazu ermutigt, ungläubige Freunde zum Gottesdienst einzuladen, möchte er sicherstellen, dass es keine Enttäuschung gibt, wenn ein Besucher da ist. Der Eingeladene muss definitiv das Evangelium hören. Barker schreibt, dass er in jeder Predigt Platz dafür findet, das Evangelium sinnvoll und passend zu integrieren.[37]

Wenn der Prediger einen Text aus dem Alten Testament auslegen will, soll er den Zuhörern wichtige Offenbarungen aus dem Neuen Testament nicht vorenthalten, wenn sie helfen, den alttestamentlichen Text zu verstehen.

---

[36] Ebd.

[37] Aus einem persönlicher Brief von Frank Barker, 25. August 2008. Barker hat 1960 die Briarwood Presbyterian Church in Birmingham, Alabama gegründet. Mit einer deutlichen Betonung biblischer Verkündigung und persönlicher Evangelisation ist die Gemeinde auf etwa 4000 Mitglieder gewachsen.

Das Neue Testament in das Alte Testament hineinlesen?

Gelegentlich wird der Einwand geäußert, dass der Ausleger das Neue Testament nicht in das Alte hineinlesen sollte. Dieser Einwand enthält einen wichtigen, wahren Kern, läuft aber Gefahr, das Prinzip der progressiven Offenbarung der Heiligen Schrift zu ignorieren.

Zuerst sollten wir versuchen zu verstehen, wie die Leser zur Zeit des Alten Testaments die Botschaften damals verstanden haben. Die Gesetzesbücher des Moses erklärten den Juden zu alttestamentlicher Zeit, dass sie vor Gott schuldig sind, dass sie ihre Sünden bekennen müssen, wie sie an Gott glauben sollen und wie sie im Gehorsam Gott gegenüber Opfer bringen können. Die historischen Bücher des Alten Testaments beschreiben den Verlauf der Geschichte Israels und betonen Gottes Gnade und Vergebung für Israel, obwohl Israel immer wieder gegen Gott rebellierte. Diese Bücher waren Warnungen für die Menschen damals, und riefen Israel dazu auf, Gott treu zu bleiben. Israel sollte Gott für Seine wunderbare Gnade in der Natur, in der Geschichte, in Seinem Wort und im persönlichen Leben des Einzelnen stets loben und preisen; dies wird insbesondere in den Psalmen betont. In den prophetischen Büchern predigten und schrieben Männer Gottes über das kommende Gericht, aber auch über den zukünftigen Segen für Gottes Volk. Die Texte des Alten Testaments sollten also durchaus zunächst in Bezug auf das Leben der Menschen im Alten Testament ausgelegt werden.

Die Anwendungen für Christen heute sind oft direkt übertragbar. Wir sollen Gott wegen Seiner Gnade in der Vergangenheit preisen und Ihm vertrauen, ebenso wie die Juden damals. Wir sollen ebenfalls durch die Propheten gewarnt werden, Gott nicht zu verlassen. Wir lesen und würdigen die

Eigenschaften und Werke Gottes im Alten Testament. Wir preisen Gott z. B. für seine unvergleichbare Gnade zu Naaman, dass er – obwohl er ein Sünder, ein Heide, ein Götzendiener und ein Feind Israels war –, Rettung und Heilung von seinem Aussatz empfangen durfte.

Doch wir sind theologisch und geistlich privilegiert, die Offenbarungen des Neuen Testaments zu kennen, so dass wir das Alte Testament besser verstehen und für Christen heute angemessener anwenden können.

Wir lesen im Neuen Testament, dass Jesus das Lamm Gottes ist.[38] Wenn wir auf diesem Hintergrund den Text über das Passalamm in 2. Mose lesen, müssen wir auf Jesus zu sprechen kommen. Sonst beschäftigen wir uns nur mit der Geschichte und Theologie des Alten Testaments, predigen aber keine christliche Botschaft. Christus, das Lamm Gottes, ist gekommen, und diese Tatsache ergänzt und verdeutlicht unsere Auslegung des Texts. Wir erläutern zunächst die Bedeutung des Passafestes für die Juden damals, kommen dann aber auf Christus zu sprechen, der die Erfüllung der Typologie (des Bildes) des Passafestes darstellt. Dieser Auslegungsprozess sollte nicht als ein „Hineininterpretieren des Neuen Testaments in das Alte Testament" verstanden werden, sondern als eine Anwendung der Prinzipien, dass die Schrift sich selbst auslegt und dass Gott sich in der Schrift progressiv offenbart hat.

Paulus redet auch über das, was nach dem Passaopfer geschah. Die Israeliten sollten den Sauerteig ausfegen, weil der Sauerteig ein Bild für Sünde ist.[39] Nachdem wir Jesus angenommen haben, sollten wir den alten Sauerteig wegschaffen.

---

[38] Johannes 1,29.36; Offenbarung 5,6; 14,10; 21,23.

[39] 2. Mose 12,15-20; 1. Korintherbrief 5,6-8.

Euer Rühmen ist nicht gut. Wisst ihr nicht, dass ein wenig Sauerteig den ganzen Teig durchsäuert? Darum schafft den alten Sauerteig weg, damit ihr ein neuer Teig seid, wie ihr ja ungesäuert seid. **Denn auch wir haben ein Passalamm, das ist Christus, der geopfert ist.** Darum lasst uns das Fest feiern nicht im alten Sauerteig, auch nicht im **Sauerteig der Bosheit und Schlechtigkeit,** sondern im ungesäuerten Teig der Lauterkeit und Wahrheit. (1. Korintherbrief 5,6-8 – Lut)

Das Prinzip der progressiven Offenbarung soll somit auch bei der Frage des „Hineinlesens des Alten Testaments in das Neue Testament" angewendet werden. Wenn wir im Neuen Testament neue Offenbarungen über Themen des Alten Testaments entdecken, sollen wir diese Offenbarungen heute ohne weiteres lehren, um das Alte Testament richtig zu verstehen.

Wir können deshalb zuerst ganz sauber die Intention des Autors und die Botschaft für Menschen damals erklären und auslegen, aber danach müssen wir die ergänzenden Offenbarungen im Neuen Testament erklären, damit wir die volle Botschaft für uns heute verstehen. Unsere Zuhörer leben nicht im Jahre 400 v. Chr. oder früher. Christus ist gekommen, die Botschaft ist ergänzt worden. Gott ist sicherlich nicht froh über unsere Auslegung, wenn wir die Informationen vernachlässigen, die Er uns in der Zeit nach der Niederschrift des Alte Testaments gegeben hat. Zwei weitere Beispiele können hier hilfreich sein:

(1) Die Botschaft des Predigerbuch im AT über die Bedeutungslosigkeit des Lebens, die viele Menschen gut nachempfinden können, braucht unbedingt die Ergänzung vom Neuen Testament her, dass Menschen nur in Jesus Erlösung

und echte Bedeutung und Erfüllung im Leben finden können.[40] Die Botschaft am Ende des Predigerbuchs lautet:

Das Endergebnis des Ganzen lasst uns hören: **Fürchte Gott und halte seine Gebote!** Denn das soll jeder Mensch tun. Denn Gott wird jedes Werk, es sei gut oder böse, in ein Gericht über alles Verborgene bringen (Prediger 12,13-14).

„Fürchte Gott" bedeutet, dass ein Mensch Gott höchste Verehrung und volles Vertrauen geben soll. Gleichzeitig soll der Mensch gewarnt sein, dass, wenn er gegen Gott rebelliert, er vor Gottes Gericht erscheinen wird. Der Mensch soll Gottes Gebote halten.[41] Diese Aufforderung war völlig angemessen für Menschen im Alten Testament. Doch es findet sich hier kein Wort über Jesus! Im Neuen Testament lernen wir, dass unser Vertrauen zu Gott besonders auf Jesus fokussiert sein soll, weil wir jetzt wissen, dass Jesus an unserer Stelle für unsere Sünden gekreuzigt wurde![42]

(2) In einer Predigt über die Rachepsalmen sollte der Prediger erklären, dass diese Psalmen die absolute Gerechtigkeit Gottes reflektieren und als Warnung vor der Ablehnung Gottes dienen. Im Neuen Testament haben wir wichtige Ergänzungen zum Thema Rache. Die Ablehnenden dürfen sich bekehren und die Gnade und Barmherzigkeit Gottes annehmen. Jesus lehrt uns, unsere Feinde zu lieben! Wir bringen Ärger,

---

[40] Johannes 10,10.

[41] Unter dem neuen Bund im Neuen Testament haben Christen auch Gebote zu halten, hauptsächlich die Liebesgebote, aber auch andere, die als grammatische Imperative im Neuen Testament vorkommen. Roy Zuck listet 481 Befehle von Jesus in den vier Evangelien auf, wobei es in den Evangelien naturgemäß viele Überlappungen gibt. Roy Zuck. Teaching as Jesus Taught. Grand Rapids: Baker Books, 1995. S. 331-342.

[42] Johannes 3,14-16; 1. Korintherbrief 2,2; 2. Korintherbrief 5,21. .

Zorn, Bitterkeit und den Wunsch nach Rache im Gebet zu Gott. Wenn wir im Gebet zu Gott kommen, greift er in unser Leben ein, um unsere Einstellungen zu verändern, damit wir unsere Feinde lieben, vergeben, für sie beten und sie sogar segnen, wie Jesus uns lehrt.[43]

4. Der Kontext der Zuhörer

Unsere Zuhörer leben im Zeitraum nach Jesu Kommen und nachdem das Neue Testament geschrieben wurde.

Nicht nur die Kontexte der Umwelt, des biblischen Textes und der vollständigen Heiligen Schrift sollten berücksichtigt werden, sondern auch der Kontext der Zuhörer, die unsere Predigten hören. Sie sind nicht Menschen, die im Zeitraum des Alten Bundes vor der Offenbarung des Neuen Testaments leben; sie leben nach dem ersten Kommen Christi und damit im Zeitraum des Neuen Bundes in Christus.

Als die Prediger im Alten Testament über den kommenden Messias predigten, konnten sie nicht verkündigen, dass der Messias schon gekommen ist und dass sein Name „Jesus" lautet. Sie konnten nicht predigen, dass Jesus das ganze Gesetz erfüllt hat, und dass wir, wenn wir Gott und unsere Mitmenschen in der Kraft des Heiligen Geistes von ganzem Herzen lieben, die Intention des Gesetzes erfüllen.[44] Sie konnten nicht predigen, dass Menschen, die in der Gemeinschaft mit Christus leben, mit dem Heiligen Geist erfüllt werden. Sie konnten nicht predigen, dass in Christus alle Schätze der Weisheit und Erkenntnis enthalten sind und dass dieser Christus in gläubigen Menschen lebt und sie durch das Leben

---

[43] Lukasevangelium 6,35-37; Matthäusevangelium 5,44-46.

[44] Römerbrief 8,3-4; 13,10; Mat. 22,35-40; Galaterbrief 5,14.

leitet. Sie konnten nicht predigen, dass alle wiedergeborenen Menschen auf dieser Welt, die in Jesus sind – es seien Juden oder Heiden –, eine universale Gemeinde bilden, deren Haupt Jesus ist. Deshalb sind Prediger, die nach der Offenbarung des Neuen Testaments leben, durch Gottes Wort verpflichtet, die übergreifenden Themen des Neuen Testaments zu verkündigen statt sie zu vernachlässigen. Die Botschaft des Neuen Testaments hat die des Alten Testaments wesentlich ergänzt.

Wenn ungläubige Menschen unter den Zuhörern sind

Bei der Frage nach dem vierten Kontext, also dem Kontext der Zuhörer, sollte die Frage gestellt werden: Welches Verständnis über Gott hat der Zuhörer? Wenn der Zuhörer nur ein „Namens-Christ" oder „Kultur-Christ" ist, der nicht an die Gottheit Jesu glaubt, oder wenn der Zuhörer zu einer religiösen Sekte gehört, könnte er wohl „Amen" sagen, wenn der Prediger anhand des Textes über Naaman lediglich verkündigt, dass „Menschen **an Gott** glauben sollen." Doch um die Botschaft der Erzählung von Naaman für den heutigen Zuhörer zu „kontextualisieren" und damit der Situation des Zuhörers entgegen zu kommen, muss der Prediger **auf Jesus** als Basis der Erlösung Naamans – und vor allem der Menschen heute – zu sprechen kommen.

Der Prediger sollte besondere Rücksicht darauf nehmen, wenn sich ungläubige Menschen unter den Zuhörern befinden; dies ist im Gottesdienst viel häufiger der Fall, als man gemeinhin meint. Es kommen Besucher zur Gemeinde, manche nur ein einziges Mal! Manchmal begleiten ungläubige Männer oder Frauen ihren gläubigen Ehepartner in die Gemeinde. Auch sollen junge Menschen, Kinder und Teenager, an den Punkt geführt werden, an dem sie genug verstanden haben, um eine Entscheidung für Jesus zu treffen.

Jesus bezeichnet die Gebote, Gott und die Menschen zu lieben, als die höchsten Gebote. Nur durch die gute Nachricht von Jesus werden Menschen mit Gott versöhnt. Das vorbildliche Anliegen von Paulus war deshalb, das Kreuz Jesu ungläubigen Menschen bei jeder Gelegenheit zu verkündigen, auch wenn die Bibel des Paulus aus unserem Alten Testament bestand. Auch heutzutage sollten Prediger die Absicht haben, die Vergebung der Sünden durch Jesus immer dann zu predigen, wenn ungläubige Menschen anwesend sind – und zwar unabhängig davon, ob die Predigt aus dem Alten oder aus dem Neuen Testament kommt.

Weil der Prediger nicht wissen kann, wie Menschen in ihrem Herzen zu Gott stehen, insbesondere ob sie gläubig oder ungläubig sind, sollte er seinen Evangelisationsdienst nicht auf persönliche Gespräche begrenzen, sondern das Evangelium in der Predigt verkündigen. In jeder Predigt sollte das Evangelium taktvoll, kreativ und textbezogen erläutert werden, selbst wenn dafür wenig Zeit zur Verfügung stehen sollte.[45]

Jesus, ein Stein des Anstoßes und ein Fels des Ärgernisses

Unter unseren Zuhörern befinden sich gläubige und ungläubige Menschen. Die Ungläubigen brauchen die Predigt über Christus, damit sie gerettet werden. Die Gläubigen

---

[45] Wenn das Hauptziel einer Predigt nicht die Erbauung der Gläubigen ist sondern die Verkündigung der Vergebung der Sünden für ungläubigen Menschen, steht selbstverständlich das Evangelium im Mittelpunkt.

brauchen die Predigt über Christus, damit sie in Christus immer reifer werden:

Wie sollen sie nun den anrufen, an den sie nicht geglaubt haben? Wie aber sollen sie an den glauben, von dem sie nicht gehört haben? Wie aber sollen sie hören ohne einen Prediger? (Römerbrief 10,14 - Elb)

Ihn [Christus] verkündigen wir, indem wir jeden Menschen ermahnen und jeden Menschen in aller Weisheit lehren, um jeden Menschen vollkommen in Christus darzustellen; . . . (Kolosserbrief 1,28 - Elb)

Leider wollen einige Menschen nichts von Jesus hören. Paulus kündigt an, dass die Menschen interessante Predigten fordern werden, aber nicht die Botschaft vom Kreuz.

Denn es wird eine Zeit sein, da sie die gesunde Lehre nicht ertragen, sondern nach ihren eigenen Begierden sich selbst Lehrer aufhäufen werden, weil es ihnen in den Ohren kitzelt; . . . (2. Timotheus 4,3 - Elb)

Jesaja prophezeit im siebten Kapitel seines Buches, dass „Immanuel" („Gott mit uns" – Jesus) durch eine Jungfrau geboren werden wird.[46] Dann aber muss Jesaja im achten Kapitel schreiben, dass er ein Stein des Anstoßes für Israel sein wird:

Den HERRN der Heerscharen, den sollt ihr heiligen! *Er* sei eure Furcht, und *er* sei euer Schrecken! Und er wird zum Heiligtum sein und zum **Stein des Anstoßes und zum Fels des Strauchelns** für die beiden Häuser Israel,

---

[46] Jesaja 7,14; Matthäus 1,22-23.

zum Klappnetz und zur Falle für die Bewohner Jerusalems. (Jesaja 8,13-14 - Elb)

Menschen zur Zeit des Alten Testaments haben die volle Bedeutung dieser Prophetie nicht wissen können, aber die Offenbarungen im Neuen Testament durch Petrus und Paulus identifizieren diesen Stein des Anstoßes und Fels des Ärgernisses mit Jesus! Für manche Zuhörer ist er immer noch ein Stein des Anstoßes. Petrus schreibt:

Und auch ihr als lebendige Steine erbaut euch zum geistlichen Hause und zur heiligen Priesterschaft, zu opfern geistliche Opfer, die Gott wohlgefällig sind *durch Jesus Christus*. Darum steht in der Schrift: »*Siehe, ich lege in Zion einen auserwählten, kostbaren Eckstein; und wer an ihn glaubt, der soll nicht zuschanden werden.*« *[vom AT - Jesaja 28,16]*

Für euch nun, die ihr glaubt, ist er kostbar; für die Ungläubigen aber ist »der Stein, den die Bauleute verworfen haben und der zum Eckstein geworden ist, ein **Stein des Anstoßes und ein Fels des Ärgernisses**«; sie stoßen sich an ihm, weil sie nicht an das Wort glauben, wozu sie auch bestimmt sind. (1. Petrusbrief 2,5-8 - Lut)

Israel aber, das einem Gesetz der Gerechtigkeit nachstrebte, ist nicht zum Gesetz gelangt. Warum das? Weil es die Gerechtigkeit nicht aus dem Glauben sucht, sondern als komme sie aus den Werken. Sie haben sich gestoßen an dem **Stein des Anstoßes**, wie geschrieben steht: »*Siehe, ich lege in Zion einen Stein des Anstoßes und einen Fels des Ärgernisses; und wer an ihn glaubt, der soll nicht zuschanden werden.*« *(Römerbrief 9,31-33 - Lut)*

Trotz der Tatsache, dass Jesus das Hauptthema der gesamten Bibel ist, besteht für Prediger immer die Versuchung, bewusst oder unbewusst die Botschaft von Jesus zu verdrängen. Diese Gefahr muss erkannt werden und es muss ihr entschieden entgegengewirkt werden. Bei einer eigenen Beurteilung unseres Dienstes sollten wir Prediger uns eine ehrliche Antwort auf die herausfordernde Frage von Graeme Goldsworthy geben:

War meine Predigt „eine treue Auslegung und Erklärung dessen, wie der Text Christus bezeugt?"[47]

Wir predigen auf der Basis der Schrift, dass Menschen *an Gott* glauben sollen. Aber wenn unsere Zuhörer diese Botschaft hören, können sie unsere Worte dennoch missverstehen. In unserer postmodernen Welt wird die Bezeichnung „Gott" für vieles andere und nicht ausschließlich für den Gott der Bibel verwendet. Doch wenn wir über die Notwendigkeit predigen, *an Jesus* zu glauben, ist unsere Botschaft klar und deutlich. Das Reden über „Gott" wird von vielen Menschen angenommen, doch die Verkündigung über „Christus" wird häufig als anstößig abgelehnt. Wir sollen mutig über „Gott" sprechen und – damit wir nicht missverstanden werden – auch mutig und deutlich „Christus" verkündigen.

---

[47] Goldsworthy, *Preaching the Whole Bible*, S. 21. Üb. aus dem Englischen.

Hauptteil:

Wie können wir Jesus aus dem Alten Testament predigen?

Auf den folgenden Seiten werden zwei grundsätzliche Aspekte der Erkenntnis Christi im Alten Testament behandelt.

(1) Die Schrift lehrt uns, dass Jesus – zusammen mit Gott dem Vater und Gott dem Heiligen Geist – der dreieinige Gott des Alten Testaments ist. Jesus ist deshalb als Gott anzuerkennen, auch im Alten Testament.

Die Juden verstanden den Anspruch Jesu, Gott zu sein, und wollten ihn deshalb steinigen.[48]

Jesus sprach zu ihnen: Viele gute Werke habe ich euch erzeigt vom Vater; um welches dieser Werke willen wollt ihr mich steinigen? Die Juden antworteten ihm und sprachen: Um eines guten Werkes willen steinigen wir dich nicht, sondern um der Gotteslästerung willen, **denn du bist ein Mensch und machst dich selbst zu Gott.** (Johannes 10,32-33, Lut)

Würde jemand fragen, welcher Gott hier gemeint ist, so ist die Antwort eindeutig, denn es gibt nur den einen Gott.[49] Jesus nahm für sich in Anspruch, dass er der einzige Gott war und ist, nämlich der Gott Israels. Er ist der Gott Abrahams, Isaaks und Jakobs, der alles erschaffen hat, der über alles im Universum herrscht und der von Ewigkeit zu Ewigkeit lebt.

---

[48] Johannes 10,31.

[49] 5. Mose 4,35.39; Psalm 86,9-10; Johannesevangelium 5,44; 1. Korintherbrief 8,4.

Ehe denn die Berge wurden und die Erde und die Welt geschaffen wurden, **bist du, Gott, von Ewigkeit zu Ewigkeit**. (Psalm 90,2, Lut)

Von den Engeln spricht er zwar: »Er macht seine Engel zu Winden und seine Diener zu Feuerflammen«, **aber von dem Sohn: »Gott, dein Thron währt von Ewigkeit zu Ewigkeit,** und das Zepter der Gerechtigkeit ist das Zepter deines Reiches. (Hebräerbrief 1,7-8, Lut)

Jesus muss uneingeschränkt als ewiger Gott anerkannt werden – und damit auch für die Zeit des Alten Testaments. Die Beschreibungen der Eigenschaften und der Werke Gottes im Alten Testament sind Eigenschaften und Werke des dreieinigen Gottes. Wir sollen Jesus im Alten Testament überall erkennen, wo wir von Gott lesen.

(2) Die Schriften des Alten Testaments enthalten zahlreiche Texte, die Christus, die zweite Person der Dreieinigkeit, in vielerlei Art und Weise beschreiben.

Jesus Christus, die zweite Person der Gottheit, wird durch viele Prophetien und Bilder beschrieben. Die Prophetien in Bezug auf Jesus thematisieren sowohl Sein erstes Kommen in Niedrigkeit und Demut als auch Sein zweites Kommen in Macht und Herrlichkeit. Die sichtbare Erscheinung Jahwes bei der Berufung Jesajas war eine Erscheinung Christi.[50] Sowohl die anderen sichtbaren Erscheinungen Jahwes als auch die des Engels des HERRN,[51] sind aller Wahrscheinlichkeit nach ebenfalls Erscheinung Christi im Alten Testament.[52] Diese Thesen werden auf den folgenden Seiten vertieft.

---

[50] Jesaja 6; Johannesevangelium 12,36-43.

[51] Der Engel des HERRN erscheint im Alten Testament mehr als 50 Mal.

[52] Siehe 1. Mose 16,7-13; Richter 2,1; 13,21-22; Johannesevangelium 1,18.

I. Wir erkennen und predigen Jesus Christus als ewigen Gott, der unter Mitwirkung der zwei anderen Personen des dreieinigen Gottes alles erschaffen hat (1. Mose 1-2; Joh. 1,1-3.10.14; Kol. 1,16-17; Heb. 1,1-3).

Jesus Christus, der alles erschaffen hat[53], wird im Alten Testament mit den Namen Elohim [אֱלֹהִים, „Gott"] und Jahwe [יהוה, „HERR"] identifiziert.

In 1. Mose 1,1 steht: „Am Anfang schuf ‚Gott' (אלהים) Himmel und Erde." Der Name für Gott, der in 1. Mose 1,1 (אֱלֹהִים) verwendet wird, kommt etwa 2.570 Mal im Alten Testament vor.[54] Obwohl dieses Wort gelegentlich auch für Götter oder für Richter oder Engel benutzt wird, wird es meistens für den einzig wahren Gott verwendet. Es beschreibt sein Werk der Schöpfung, seine Souveränität, sein Werk als Richter, seine Majestät, seine Beziehung zu Israel als sein Gott, seine Hilfe für Israel, seine innige Beziehung zu Israel und am häufigsten sein Werk als Erlöser.[55] In 1. Mose 1,1 - 2,3 wird dieser Name für „Gott" 35 Mal benutzt, um den Schöpfer des Himmels und der Erde zu bezeichnen.

Ein zweiter Name für Gott, nämlich יהוה (übersetzt „Jahwe" oder „HERR"), kommt etwa 6.823 mal im Alten Testament vor.[56] Während der Name „Elohim" die Trans-

---

[53] Joh. 1,1-3.10.14; Kol. 1,16-17; Heb. 1,1-3.

[54] Jack Scott, "'ĕlōhîm. God, gods, judges, angels." *Theological Wordbook of the Old Testament*, Laird Harris, Gleason Archer, und Bruce Waltke, editors. Band I. Chicago: Moody Press, 1980. S. 44-45.

[55] Ebd.

[56] יהיה, *Lexicon in Veteris Testamenti Libros*. Herausgegeben von Ludwig Koehler und Walter Baumgartner. Leiden: E.J.Brill, 1958. S. 368.

zendenz, Macht und Majestät Gottes betont, hebt der Name „Jahwe" die Immanenz Gottes und Seine persönliche Nähe zu den Menschen hervor.[57] In 1. Mose 2 wird auch dieser Name für Gott als Schöpfer verwendet. Die Kombination der beiden Namen zu „Gott der HERR" (יְהֹוָה אֱלֹהִים) für den Schöpfer kommt in 1. Mose 2,4-22 insgesamt 11 Mal vor.

So wird der Schöpfer des Himmels und der Erde in 1. Mose 1-2 sowohl als „Elohim" als auch als „Jahwe" bezeichnet. Diese beiden Namen, die für Gott als Schöpfer des Himmels und der Erde benutzt werden, <u>sind die beiden Namen, die im Alten Testament für Gott am häufigsten benutzt werden</u>.

Im Neuen Testament lernen wir, **dass Jesus der Schöpfer von allem ist.**

Im Anfang war das Wort, und das Wort war bei Gott, und Gott war das Wort. Dasselbe war im Anfang bei Gott. **Alle Dinge sind durch dasselbe gemacht, und ohne dasselbe ist nichts gemacht, was gemacht ist.** ... Und das Wort ward Fleisch und wohnte unter uns, und wir sahen seine Herrlichkeit, eine Herrlichkeit als des eingeborenen Sohnes vom Vater, voller Gnade und Wahrheit.
(Johannes 1,1-3.14 - Lut)

Denn **in ihm [Christus] ist alles geschaffen**, was im Himmel und auf Erden ist, das Sichtbare und das Unsichtbare, es seien Throne oder Herrschaften oder Mächte oder Gewalten; es ist alles durch ihn und zu ihm geschaffen.

---

[57] Siehe auch J. Barton Payne. „Yahweh." *Theological Wordbook of the Old Testament*, Laird Harris, Gleason Archer, und Bruce Waltke, editors. Band I. Chicago: Moody Press, 1980. S. 212.

Und er ist vor allem, und es besteht alles in ihm. (Kolosserbrief 1,16-17 - Lut)

Nachdem Gott vorzeiten vielfach und auf vielerlei Weise geredet hat zu den Vätern durch die Propheten, hat er in diesen letzten Tagen zu uns geredet durch den Sohn, den er eingesetzt hat zum Erben über alles, **durch den er auch die Welt gemacht hat.** Er ist der Abglanz seiner Herrlichkeit und das Ebenbild seines Wesens und trägt alle Dinge mit seinem kräftigen Wort und hat vollbracht die Reinigung von den Sünden und hat sich gesetzt zur Rechten der Majestät in der Höhe.
(Hebräerbrief 1.1-3 - Lut)

Wenn wir diese drei Stellen über Jesus als Schöpfer im Neuen Testament berücksichtigen, so ist die Schlussfolgerung unbestreitbar, dass Jesus Gott der Schöpfer ist – „Elohim" und „Jahwe". Allerdings ist Er nicht alleine Elohim und Jahwe, denn Gott ist dreieinig. Zusammen mit den anderen zwei Personen der Gottheit ist Jesus Elohim und Jahwe, der Schöpfer des Himmels und der Erde.

Wenn Jesus Gott („Elohim") und HERR („Jahwe") in 1. Mose 1-2 ist, dann war er schon immer Gott und HERR und wird es immer bleiben.

Jesus Christus ist derselbe gestern und heute und in Ewigkeit. (Hebräerbrief 13,8 – Elb)

Jesus war nicht nur am Anfang der Geschichte Gott und HERR und wird es erst im Neuen Testament oder in der Zukunft wieder sein. Jesus war auch durch das ganze Alte Testament hindurch Gott und HERR. Wir erkennen Jesus überall im Alten Testament, wo die Eigenschaften und Werke Gottes beschrieben werden; daher können wir auch über Ihn predigen.

Für meinen Unterricht zur Einführung in das Alte Testament an einem Bibelseminar habe ich in Anlehnung an das Buch *Bibellesen leicht gemacht* von Henriette Mears[58] eine wichtige Beschreibung Jesu anhand jedes Buches des Alten Testaments herausgearbeitet. Diese Beschreibungen können eine Hilfe sein, um Predigten über Jesus aus dem Alten Testament vorzubereiten.

1. Mose: Christus, unser Schöpfer (1,1-3)

2. Mose: Christus, unser Retter und Erlöser (12,13)

3. Mose: Christus, unsere Reinheit und Heiligkeit (19,1-2)

4. Mose: Christus, unser Führer auf unserer Pilgerreise (9,15-23)

5. Mose: Christus, unser Herr und Gott (6,4-5)

Josua: Christus, unser Fürst, der uns den Sieg gibt (5,14-15)

Richter: Christus, unser Richter (Richter, Retter und Befreier) (2,16-18)

Ruth: Christus, unser verwandter Löser („Goel") (2,20)

1&2 Samuel: Christus, unser vollkommener, idealer König (7,16)

1&2 Könige: Christus, der uns in Treue züchtigt (17,22-23)

1. Chronik: Christus, unser Ruhm (17,21)

2. Chronik: Christus, der uns vor dem Untergang bewahren will (36,15-16)

Esra: Christus, der unsere Gemeinschaft nach der Buße erneuert (3,10-11)

Nehemia: Christus, unsere Geborgenheit (6,15-16)

---

[58] Henriette Mears, *Bibellesen leicht gemacht.* Wuppertal: Brockhaus Verlag, 1976.

Esther:	Christus, unser Schutz und unsere Bewahrung (9,20-22)
Hiob:	Christus, unser Tröster (19,25-26)
Der Psalter:	Christus, unser Lied (104,33)
Sprüche:	Christus, unsere Weisheit (1,7)
Prediger:	Christus, unsere Zufriedenheit (12,13-14)
Hohelied:	Christus, der uns liebt (3,11)
Jesaja:	Christus, unser leidender Erlöser und Messias (52,13 - 53,12)
Jeremia:	Christus, unsere einzige Gerechtigkeit (23,6)
Klagelieder:	Christus, dessen Güte und Barmherzigkeit kein Ende hat (3,22)
Hesekiel:	Christus, unser herrlicher Gott (38,23)
Daniel:	Christus, unser ewiger König (7,13-14)
Hosea:	Christus, der unsere Abtrünnigkeit vollkommen vergibt
Joel:	Christus, der den Heiligen Geist ausgießt (3,1-2)
Amos:	Christus, unser gerechter Richter (vgl. Joh. 5,22-23)
Obadja:	Christus, unser Retter von bösen Verfolgern (1,17)
Jona:	Christus, der Barmherzig ist und alle Menschen liebt (4,2)
Micha:	Christus, unser in Bethlehem geborener Herr (5,1)
Nahum:	Christus, unser heiliger Herr, der zornig über die Sünde ist (1,2.6)
Habakuk:	Christus, der uns beruhigt, versichert und ermahnt (3,17-18)
Zephanja:	Christus, unser Herr, der sich über uns freuen will (3,17)
Haggai:	Christus, unser Trost und unsere Ermutigung (2,4)
Sacharja:	Christus, der König über alle Lande (14,9)
Maleachi:	Christus, der uns reinigt und läutert (3,3)

II. Wir erkennen und predigen Jesus Christus als Jahwe („HERR"), den Jesaja auf dem Thron sieht und den Johannes mit Jesus identifiziert

Jesaja berichtet, wie er mit seinen Augen eine sichtbare Erscheinung des HERRN der Heerscharen erlebte.

Im Todesjahr des Königs Usija, da **sah ich den Herrn** sitzen auf hohem und erhabenem Thron, und die Säume *seines Gewandes* füllten den Tempel. Seraphim standen über ihm. Jeder von ihnen hatte sechs Flügel: mit zweien bedeckte er sein Gesicht, mit zweien bedeckte er seine Füße, und mit zweien flog er. Und einer rief dem andern zu und sprach: Heilig, heilig, heilig ist der HERR der Heerscharen! Die ganze Erde ist erfüllt mit seiner Herrlichkeit! Da erbebten die Türpfosten in den Schwellen von der Stimme des Rufenden, und das Haus wurde mit Rauch erfüllt. Da sprach ich: Wehe mir, denn ich bin verloren. Denn ein Mann mit unreinen Lippen bin ich, und mitten in einem Volk mit unreinen Lippen wohne ich. **Denn meine Augen haben den König, den HERRN [Jahwe] der Heerscharen, gesehen.** (Jesaja 6,1-5 - Elb)

Wegen dem Verb „sah" in Vers eins und der Ausführung in Vers fünf („denn **meine Augen** haben den König, den HERRN der Heerscharen, **gesehen**") ist offensichtlich, dass Jesaja eine **sichtbare Erscheinung** des HERRN hatte. Der Ausdruck „sah" in Vers übersetzt das hebräische Verb רָאָה, das herkömmliche Wort für „sehen" im Alten Testament.[59]

---

[59] Francis Brown, S. R. Driver und C. A. Briggs. "רָאָה", Hebrew and English Lexicon of the Old Testament. Oxford: Clarendon Press, 1962. S. 906-909.

Der HERR teilt Jesaja mit, dass seine Predigt auf harten Boden stoßen wird:

Und er sprach: Geh hin und sprich zu diesem Volk: Höret und verstehet's nicht; sehet und merket's nicht! Verstocke das Herz dieses Volks und lass ihre Ohren taub sein und ihre Augen blind, dass sie nicht sehen mit ihren Augen noch hören mit ihren Ohren noch verstehen mit ihrem Herzen und sich nicht bekehren und genesen. (Jesaja 6,9-10 - Lut)

Diese Ablehnung der Botschaft Jesajas wird von dem Apostel Johannes im zwölften Kapitel seines Evangeliums aufgegriffen. Johannes versteht die Worte des HERRN an Jesaja auch als prophetische Aussage in Bezug auf die Ablehnung Jesu.

Obwohl er [Jesus] aber so viele Zeichen vor ihnen getan hatte, glaubten sie nicht an ihn, damit das Wort des Propheten Jesaja erfüllt würde, das er sprach: «*Herr, wer hat unserer Verkündigung geglaubt, und wem ist der Arm des Herrn offenbart worden?*» *[aus Jesaja 53,1]* Darum konnten sie nicht glauben, weil Jesaja wieder gesagt hat: «*Er hat ihre Augen verblendet und ihr Herz verstockt, dass sie nicht mit den Augen sehen und mit dem Herzen verstehen und sich bekehren und ich sie heile.*» *[aus Jesaja 6,10]* (Johannes 12,37-40 – Elb)

Anschließend schreibt Johannes die folgenden erstaunlichen Worte:

Dies sprach Jesaja, weil er seine Herrlichkeit sah und von ihm redete. Dennoch aber glaubten auch von den Obersten viele **an ihn;** doch wegen der Pharisäer bekannten sie ihn nicht, damit sie nicht aus der Synagoge ausgeschlossen würden; denn sie liebten die Ehre bei den Menschen mehr als die Ehre bei Gott. (Johannes 12,41-43 – Elb)

Nach William MacDonald ist die Offenbarung Christi in Jesaja 6 eine Bestätigung seiner Gottheit:

Johannes fügte nun die Erklärung hinzu, dass es *Christi* Herrlichkeit war, die Jesaja sah, und er sprach von Christus. Deshalb ist dieser Vers ein weiteres Glied in der Kette von Beweisen, dass Jesus Christus Gott ist.[60]

Arthur Pink beschreibt die Wichtigkeit der Erscheinung des HERRN folgendermaßen:

... der Kontext stellt unmissverständlich klar, dass sich die Erscheinung auf den Herrn Jesus bezieht. Eine der erhabensten Beschreibungen der Offenbarung Gottes im ganzen Alten Testament wird hier auf Christus bezogen. Derjenige, der in der Krippe in Bethlehem geboren wurde, war kein anderer als der Thronbesitzer, vor dem die Seraphim anbeten.[61]

Allerdings sollte Jesus nicht nur von Jesaja und von den Seraphim angebetet werden, sondern von allen Menschen und von allen Engeln, auch von den Cherubim und den Erzengeln:

---

[60] William MacDonald. *Kommentar zum Neuen Testament*. Bielefeld: Christliche Literatur-Verbreitung e.V., 2001. S. 431. Siehe auch F. L. Godet. *The Gospel of John*. 2 Bände. Grand Rapids: Zondervan. 1893, 1969. Bd. 2, S. 235. Merrill Tenney, John: *The Gospel of Belief*. Grand Rapids: Eerdmans, 1948. S. 195. Edwin A. Blum. „Johannes," *Das Neue Testament Erklärt und Ausgelegt*. Herausgegeben von John Walvoord und Roy Zuck. Band 4. S. 405.

[61] Arthur W. Pink, *Exposition of the Gospel of John. Three Volumes*. Grand Rapids: Zondervan, 1945. Bd. 2, S. 283.

Und wenn er den Erstgeborenen wieder einführt in die Welt, spricht er: *»Und es sollen ihn alle Engel Gottes anbeten.«* [aus Psalm 96,7] Von den Engeln spricht er zwar: »Er macht seine Engel zu Winden und seine Diener zu Feuerflammen«, [aus Psalm 104,4] aber von dem Sohn: *»Gott, dein Thron währt von Ewigkeit zu Ewigkeit,* und das Zepter der Gerechtigkeit ist das Zepter deines Reiches« [aus - Psalm 45,7]. (Hebräerbrief 1,6-8 - Lut)

B. F. Westcott erklärt die prophetische Bedeutung der Erscheinung der Herrlichkeit Christi, die Johannes im Buch der Offenbarung berichtet:

... das, was Jesaja sah, war die Herrlichkeit des Wortes, und von Ihm redete er. Seine Botschaft ... war nicht lediglich an seine Zeitgenossen, sondern reichte zurzeit der voller Offenbarung dieser Herrlichkeit zur Welt, die er selbst in einer Vision sah. [62]

Demzufolge sollte in der Verkündigung betont werden, dass Jesus schon immer Gott gewesen ist, auch zur Zeit des Alten Testaments, denn er ist zusammen mit den anderen Personen der Dreieinigkeit sowohl Gott (Elohim) und HERR (Jahwe) als auch der Schöpfer des Universums. Jesus ist derjenige, den Jesaja sah und den er mit Jahwe identifizierte. Wir sollten Seine Gegenwart und Sein Wirken im Alten Testament zusammen mit Gott dem Vater und mit Gott dem Heiligen Geist nicht übersehen.

---

[62] B. F. Westcott, *The Gospel According to St. John.* Grand Rapids: Eerdmans, 1881, 1971. S. 185.

Die Identifizierung Jesu mit Jahwe wird durch die „Ich bin" Aussagen im Johannesevangelium bestätigt

Jesus verwendet im Johannesevangelium mehrfach die Formulierung „Ich bin". Er nimmt für sich Folgendes in Anspruch:

„*Ich bin* das Brot des Lebens" (6,35)
„*Ich bin* das Licht der Welt" (8,12; 9,5)
„Ehe denn Abraham ward, *bin ich*" (8,58)
„*Ich bin* die Tür" (10,7.9)
„*Ich bin* der gute Hirte" (10,11.14)
„*Ich bin* die Auferstehung und das Leben" (11,25)
„*Ich bin* der Weg, die Wahrheit und das Leben" (14,6)
„*Ich bin* der wahre Weinstock" (15,1)

Die Juden zurzeit Jesu haben seinen Anspruch verstanden, Jahwe zu sein, der zu Moses redete und der ihm seinen Namen „Jahwe" offenbarte:

„Da sprach Gott zu Mose: *‚Ich bin, der ich bin.'* Dann sprach er: ‚So sollst du zu den Söhnen Israel sagen: *Der ich bin* hat mich zu euch gesandt.' Und Gott sprach weiter zu Mose: ‚So sollst du zu den Söhnen Israel sagen: **Jahwe,** der Gott eurer Väter, der Gott Abrahams, der Gott Isaaks und der Gott Jakobs, *hat mich zu euch gesandt. Das ist mein Name in Ewigkeit,* und das ist mein Benennung von Generation zu Generation.'" (2. Mose 3,14-15 - Elb)

Zwei Szenen lassen uns erkennen, wie die Juden auf den Anspruch Jesu reagierten:

Jesus sprach zu ihnen:

Wahrlich, wahrlich, ich sage euch: *Ehe Abraham war, bin ich.* Da hoben sie Steine auf, um auf Ihn zu werfen. Jesus aber verbarg sich und ging aus dem Tempel hinaus. (Johannes 8,58-59 - Elb)

Jesus redete:

„Meine Schafe hören meine Stimme, und ich kenne sie, und sie folgen mir; und ich gebe ihnen das ewige Leben, und sie werden nimmermehr umkommen, und niemand wird sie aus meiner Hand reißen. *Mein Vater,* der mir sie gegeben hat, ist größer als alles, und niemand kann sie aus des Vaters Hand reißen. *Ich und der Vater sind eins.* Da hoben die Juden abermals Steine auf, um ihn zu steinigen. Jesus sprach zu ihnen: Viele gute Werke habe ich euch erzeigt vom Vater; um welches dieser Werke willen wollt ihr mich steinigen? Die Juden antworteten ihm und sprachen: Um eines guten Werkes willen steinigen wir dich nicht, sondern um der *Gotteslästerung willen, denn du bist ein Mensch und machst dich selbst zu Gott.*" (Johannes 10,27-33)

Die Juden haben den Anspruch Jesu nicht missverstanden. Er nahm nicht in Anspruch, ein fremder Gott zu sein, sondern er nahm für sich in Anspruch, **Jahwe zu sein**, der Gott des Alten Testaments! Der Gott Abrahams, Isaaks und Jakobs. Der Gott, der Abraham berief, Israel aus Ägypten errettete, das Rote Meer und den Jordan teilte und der Sein Volk durch das Alte Testament begleitete!

Die Identifizierung Jesu als Gott wird durch die Bezeichnung als Alpha und Omega bestätigt - (Offenbarung 1,8; 22,13)

„Alpha" und „Omega" sind der erste und der letzte Buchstaben des griechischen Alphabets. Der Redewendung „Alpha und Omega" bilden einen „Merismus", eine Sprachfigur, bei der eine Gesamtheit durch einen Gegensatz beschrieben wird. Die Formulierung „von morgens bis abends" ist beispielsweise ebenfalls ein Merismus und bezeichnet den ganzen Tag.

Gott ist das absolute „Alpha und Omega"; er ist derjenige, der die Gesamtheit von Zeit, Raum und Macht unter seiner Kontrolle hält. Dieser Merismus beschreibt seine absolute Souveränität als Gott.

Die Redewendung „Alpha ... Omega" wird insgesamt dreimal in der Offenbarung des Johannes verwendet, in 1,8; 21,6 und 22,13. Im Kontext von 1,7-8 und 22,13 bezeichnet die Wendung eindeutig Jesus:

Siehe, *er kommt* mit den Wolken, und jedes Auge wird ihn sehen, auch die, welche ihn durchstochen haben, und wehklagen werden seinetwegen alle Stämme der Erde. Ja, Amen. Ich bin *das Alpha und das Omega, spricht der Herr, Gott,* der ist und der war und der kommt, der Allmächtige. (Offenbarung 1,7-8 – Lut)

Siehe, *ich komme bald* und mein Lohn mit mir, um einem jeden zu vergelten, wie sein Werk ist. Ich bin das Alpha und das Omega, der Erste und der Letzte, der Anfang und das Ende." (Offenbarung 22,12-13 - Elb)

Jesus existierte nicht nur am Anfang der Schöpfung, Er ist das Alpha und das Omega, der durch die gesamte Ewigkeit hindurch Gott gewesen ist; Seine Gottheit wird auch kein Ende haben.

Lehrt aber die Schrift nicht, dass „niemand Gott jemals gesehen" hat?

Gott sprach zu Mose:

> Dann sprach er: Du kannst es nicht *ertragen*, mein Angesicht zu sehen, denn kein Mensch kann mich sehen und am Leben bleiben. (2. Mose 33,20 - Elb)

Im Johannesevangelium lesen wir eine nähere Erklärung und Ergänzung dazu:

> Niemand hat Gott jemals gesehen; der eingeborene [der „einzige" oder „einzigartige"[63]] Sohn, der in des Vaters Schoß ist, der hat *ihn* kundgemacht." (Johannes 1,18 - Lut; siehe auch Johannes 6,46)

Das Verb „kundgemacht" ist eine Übersetzung des griechischen Wortes „ἐξηγέομαι".[64] Es bedeutet "ausführen, entfalten, erklären". Jesus, der eingeborene Sohn, hat Gott den Vater „kundgemacht" und „erklärt". Johannes schreibt nicht nur, dass niemand zurzeit des Neuen Testaments Gott den Vater gesehen hat, sondern dass niemand Gott den Vater „jemals"[65] gesehen hat - auch nicht zur Zeit des Alten

---

[63] Friberg Gk. Lexicon – „μονογενῆς". Friberg Gk. Lexicon, in Bible Works.

[64] ἐξηγέομαί Thayer's Greek Lexicon, Revised by Joseph H. Thayer. New York: American Book Company, 1889. S. 223.

[65] „Jemals" ist die Übersetzung von πώποτε und bedeutet „irgendeinmal, irgendje, noch, jemals" - Walter Bauer, Wörterbuch zum Neuen Testament. Berlin: Walter de Gruyter, 1971. Seite 1450.

Testaments. Folglich sind die Erscheinungen Gottes im Alten Testament nicht Erscheinungen von Gott dem Vater, sondern Erscheinungen von Gott dem Sohn.

Wenn man die Erscheinung in Jesaja 6 mit dem sichtbaren Leben Jesu auf der Erde und mit des Worten von Johannes (Joh 1,18) kombiniert, **kommt man zu dem unausweichlichen Schluss, dass immer, wenn Gott Menschen im Alten Testament sichtbar erschien, dies Erscheinungen Jesu waren.**

Allerdings hat kein Mensch Jesus in Seiner ganzen, unverhüllten Herrlichkeit gesehen, als er den Menschen im Alten Testament erschien; sie sahen ihn in einer verhüllten Form, so wie Jesus auch in einer verhüllten, erniedrigten Form im Neuen Testament auf die Welt kam.[66] Jesus betet in dem hohepriesterlichen Gebet in Johannes 17 darum, dass Seine Jünger Seine unverhüllte Herrlichkeit sehen dürfen, die Jesus in der ewigen Vergangenheit bei Seinem Vater hatte:

> Vater, ich will, dass *die*, welche du mir gegeben hast, auch bei mir seien, wo ich bin, damit sie meine Herrlichkeit schauen, die du mir gegeben hast, denn du hast mich geliebt vor Grundlegung der Welt. (Johannes 17,24 – Elb)

Die Jünger haben Jesus Tag für Tag gesehen und sind daran nicht gestorben. Sie haben Jesus in einer verhüllten Form gesehen, nicht in Seiner ganzen Herrlichkeit. Es ist also möglich, Gott den Sohn zu sehen ohne direkt zu sterben; ebenso hat auch Jesaja Christus schon zur Zeit des Alten Testaments gesehen.

---

[66] Philipperbrief 2,5-8

III. Wir erkennen und predigen die persönlichen Erscheinungen Jesu Christi im Alten Testament

Im Folgenden werden die persönlichen Erscheinungen Jesu im Alten Testament detaillierter untersucht.

Jesus ist Menschen im Alten Testament mehr als 10 Mal als Jahwe sichtbar erschienen.

Die Erscheinung Jesu als Jahwe bei der Berufung des *Jesaja* in Kapitel 6 wurde bereits behandelt. Lange Zeit vorher erschien Jahwe (der HERR) *Abraham* und gab ihm die Landverheißung.

> Und der HERR erschien dem Abram und sprach: Deinen Nachkommen will ich dieses Land geben. Und er baute dort dem HERRN, der ihm erschienen war, einen Altar. (1. Mose 12,7 – Elb)

Bei den im Deutschen mit „erschein" und „erscheinen" wiedergegebenen Ausdrücken handelt es sich im Hebräischen um „niphal" Formen von ראה (rāʾâ). Im <u>Theological Wordbook of the Old Testament</u> wird die Bedeutung für diese Form folgendermaßen angegeben: *„erscheinen, sich darstellen, gesehen werden, sichtbar sein."*[67]

In dem wichtigen hebräischen Lexikon von Brown, Driver und Briggs wird die Bedeutung dieser Form mit *„erscheinen"* angegeben, mit Beispielen wie der Erscheinungen Gottes bei Abraham (1. Mose 12,7), Isaak (2. Mose 6,3), Jakob

---

[67] Übersetzung von „to appear, present oneself … to be seen … to be visible", in Laird Harris, Gleason Archer und Bruce Waltke. Theological Wordbook of the Old Testament. Chicago: Moody Press, 1080. Bd. II. S. 823.

(1. Mose 35,1; 48,3), dem Volk Israel (3. Mose 9,4) und Salomo (1. Könige 3,5; 9,2; 11,9; 2. Chron 7,12).[68]

Jahwe erschien *Abraham* auch bei den Bundesverheißungen in einer unmissverständlichen, sichtbaren Form. Nachdem Jahwe mit Abraham geredet hatte, „fuhr [Er] auf von Abraham" (1. Mose 17,1.22). Jahwe erschien Abraham auch als er sich im Gebet für Sodom einsetzte (1.Mose 18,1-33).

Jahwe erschien *Isaak* und befahl ihm, nicht nach Ägypten zu ziehen. Jahwe gab ihm die Verheißung, dass Er alle Nationen der Erde durch die Nachkommen von Isaak segnen würde (1. Mose 26,1-5). Jahwe erschien ihm ein weiteres Mal und sagte: „Fürchte dich nicht! Denn Ich bin mit dir, und Ich werde dich segnen und deine Nachkommen vermehren um Meines Knechtes Abraham willen" (1. Mose 26,24).

Gott erschien *Jakob*, als er vor seinem Bruder Esau floh (1. Mose 35,1), und ein weiteres Mal, als Er seinen Namen von Jakob zu Israel änderte (1. Mose 35,9).

Jahwe erschien *Mose* bei seiner Berufung (2. Mose 3) und dem ganzen *Volk Israel* bei der Amtseinsetzung von Aaron und seinen Söhnen zur Priesterschaft (3. Mose 9,4.23). Jahwe erschien *Miriam* und *Aaron*, nachdem sie Mose kritisiert hatten (4. Mose 12,5-8). Mose redete mit Jahwe und durfte sogar *die Gestalt Jahwes sehen* (V. 8). Jahwe erschien *David* auf dem Berg Morija (2. Chronik 3,1) und *Salomo* sogar zwei Mal (1. Könige 9,2; 11,9).

---

[68] Die Übersetzung von "appear" („erscheinen") in Francis Brown, S. R. Driver und C. A. Briggs. רָאָה Hebrew and English Lexicon of the Old Testament. Oxford: Clarendon Press, 1962. S. 908.

Die Aussagen des Neuen Testaments legen den Schluss nahe, dass diese Erscheinungen aller Wahrscheinlichkeit nach Erscheinungen Jesu waren.

Erscheinungen von Jesus als Engel des HERRN

‏מַלְאַךְ‎" (Engel) bezeichnet grundsätzlich einen Bote, der eine Botschaft überbringt und andere gezielte Dienste für denjenigen leistet, den er vertritt. Sowohl Menschen als auch Engel dienen als Boten Gottes (Sach. 1,9). 69

Der Ausdruck „Engel des HERRN", (‏מַלְאַךְ יְהוֹה‎) kann mit „Bote Jahwes" übersetzt werden. Sogar der Prophet Haggai diente als „Engel des HERRN", ein Bote Gottes, der als Vertreter Jahwes fungierte (Haggai 1,13).

Andrew Bowling beschreibt im *Theological Wordbook of the Old Testament* die allgemeine Bedeutung des „Engels des HERRN":

Der Bote/Engel Jahwes. Diese Figur hat dieselbe allgemeine Bandbreite von Funktionen wie andere Boten auch. Er überbrachte gute (1. Mose 16,1.-13) und warnende (Richter 5,23) Botschaften. Er führte gezielte Aufträge des Gerichts (2. Könige 19,35; Ps. 35,5-6) und der Errettung (1. Mose 22,11; Ps. 34,7 [H 8]) aus. Er konnte auch als "Engel Gottes" bezeichnet werden (Richter 13,6.9, vgl. v. 3), obwohl dieser Titel nicht ausschließlich für ihn reserviert ist. Er allein hatte den

---

[69] Andrew Bowling. ‏מַלְאָךְ‎ (mal°ˡk) messenger, representative. *Theological Wordbook of the Old Testament*, Laird Harris, Gleason Archer, und Bruce Waltke, Herausgeber. Band I. Chicago: Moody Press, 1980. S. 464-465. Üb. aus dem Englischen.

Dienst der Fürbitte bei Gott im Namen der Menschen (Sach. 1,12; Sach. 3,1-5). [70]

Thomas Schirrmacher schreibt:

> Das Alte Testament erwähnt 58 mal den *,Engel des HERRN'* und 11 mal den ,Engel Gottes'. Die Kirchenväter und die Reformatoren gingen davon aus, dass dieser im Alten Testament so häufig erwähnte *„ Engel Jahwes "* ein Name für die zweite Person der Dreieinigkeit, Jesus Christus, war. [71]

Einige Theologen meinen dennoch, dass der Engel des HERRN nur ein wichtiger Engel sei, der große Autorität habe, aber nicht Gott selbst ist. Dagegen ist einzuwenden, dass seine Autorität offensichtlich nicht von jemand anderem abhängt, sondern bei ihm selbst liegt. Wir lesen zum Beispiel im Buch Richter:

> Es kam aber **der Engel des HERRN** herauf von Gilgal nach Bochim und sprach: **Ich** habe euch aus Ägypten heraufgeführt und ins Land gebracht, **das ich euren Vätern zu geben geschworen habe**, und gesprochen**, ich wollte *meinen* Bund mit euch nicht brechen ewiglich.** (Richter 2,1 - Lut)

Kein Engel hat den jüdischen Vätern geschworen, ihnen ihr Land zu geben, und kein Engel hat einen Bund mit Israel geschlossen. Daraus lässt sich schlussfolgern, dass dieser

---

[70] Ebd. 465.

[71] Thomas Schirrmacher, *Christus im Alten Testament*. Hamburg: Reformatorischer Verlag Beese, 2001. S. 31. Hinweise für die Verwendung der Begriffe kommen von R. Ficker im Theologisches Wörterbuch zum Alten Testament. Chr. Kaiser: München und Theologischer Verlag: Zürich, 1978. Spalte 901.

Engel des HERRN Gott persönlich ist, genauer gesagt, Gott der Sohn.

Andere wichtige Stellen über den Engel des HERRN:

Der Engel des HERRN erschien *Hagar*, als sie von Sarai floh (1. Mose 16,6-14). In 1. Mose 16,10 lesen wir, dass der Engel des HERRN die Macht hatte, Hagar Nachkommen zu schenken. In 1. Mose 16,13a lesen wir, dass Hagar den Engel des HERRN „HERR" und „ein Gott" nannte:

Und der Engel des HERRN sprach zu ihr: *Ich will* deine Nachkommen so sehr mehren, dass man sie nicht zählen kann vor Menge. (1. Mose 16,10 - Elb)

Da nannte sie den Namen des *HERRN*, der zu ihr geredet hatte: *Du bist ein Gott, der mich sieht!* ..." (1. Mose 16,13a - Elb)

Die Schlachter-Übersetzung gibt die Stelle nicht mit „Du bist ein Gott, der mich sieht" wieder, sondern mit „Du bist der Gott, der mich sieht". In diesem Sinne übersetzt auch die New International Version: „You are the God who sees me."

Carl Friedrich Keil schreibt:

Weil sie glaubte, dass eine Person, die Gott sieht, sterben muss, war Hagar erstaunt, dass sie Gott gesehen hatte und am Leben blieb; daher nannte sie Jahwe, der mit ihr geredet hatte, "Gott des Sehens," d. h., der zulässt, dass er gesehen wird. Denn an dieser Stelle wird deutlich, dass sie noch sehen konnte (d.h., am Leben blieb), obwohl sie Gott sehen durfte.[72]

---

[72] Carl Friedrich Keil. *The Pentateuch. In Commentary on the Old Testament in Ten*

Die Rede von dem Engel des HERRN bei der Opferung Isaaks in 1. Mose Kap. 22 war <u>keine Erscheinung</u>, da der Engel des HERRN vom Himmel rief (22,11.15). Diese Stelle ist aber wichtig, weil der Engel des HERRN **mit Gott identifiziert wird.**

Und der Engel des HERRN rief Abraham ein zweites Mal vom Himmel her zu und sprach: **Ich schwöre bei mir selbst, spricht der HERR**, deshalb, weil du das getan und deinen Sohn, deinen einzigen, mir nicht vorenthalten hast, darum werde ich dich reichlich segnen und deine Nachkommen überaus zahlreich machen wie die Sterne des Himmels und wie der Sand, der am Ufer des Meeres ist; und deine Nachkommenschaft wird das Tor ihrer Feinde in Besitz nehmen." (1. Mose 22,15-17 - Elb)

Der Engel des HERRN erschien *Mose* „in einer Feuerflamme mitten aus dem Dornbusch." (2. Mose 3,2 - Elb). Dann aber

„... rief ihm Gott mitten aus dem Dornbusch zu und sprach: Mose! Mose! Er antwortete: Hier bin ich." (2. Mose 3,4 - Elb)

In 3,15-16 lesen wir:

„Und **Gott sprach weiter zu Mose**: So sollst du zu den Söhnen Israel sagen: **Jahwe**, der Gott eurer Väter, der Gott Abrahams, der Gott Isaaks und der Gott Jakobs, hat mich zu euch gesandt. **Das ist mein Name in Ewigkeit,** und das ist meine Benennung von Generation zu Generation. Geh hin, versammle die Ältesten Isra-

Volumes von Carl Friedrich Keil und Franz Julius Delitzsch. Grand Raids: Eerdmans Publishing Company, 1969. S. 221.

els und sprich zu ihnen: Jahwe, der Gott eurer Väter, ist mir erschienen, der Gott Abrahams, Isaaks und Jakobs, und hat gesagt: Ich habe genau achtgehabt auf euch und auf das, was euch in Ägypten angetan worden ist, ..." (2. Mose 3,15-16 - Elb)

Der Engel des HERRN erschien Gideon (Richter 6,11-24) und wird im gleichen Abschnitt **Jahwe genannt**.

Und **der Engel des HERRN** kam und setzte sich unter die Terebinthe, die bei Ofra war, die Joasch, dem Abiesriter gehörte. Und sein Sohn Gideon schlug gerade Weizen aus in der Kelter, um ihn vor Midian in Sicherheit zu bringen. ...
Da wandte sich **der HERR ihm zu und sprach**: Geh hin in dieser deiner Kraft und rette Israel aus der Hand Midians! Habe ich dich nicht gesandt? ...
Da sprach der HERR zu ihm: Friede sei mit dir! Fürchte dich nicht, du wirst nicht sterben. (Richter 6,11.14.23 – Elb)

Der **Engel des HERRN** erschien den Eltern von Simson (Richter 13,1-22) und der Vater von Simson sagte: „Wir müssen des Todes sterben, weil **wir Gott gesehen haben.**" Auch Simsons Mutter reagierte und war der Meinung, dass der HERR (Jahwe) persönlich erschienen war.

Wenn es *dem HERRN* gefallen hätte, uns zu töten, so hätte er das Brandopfer und Speisopfer nicht angenommen von unsern Händen. Er hätte uns auch das alles weder sehen noch hören lassen, wie jetzt geschehen ist. (Richter 13,23 - Lut)

Andrew Bowling arbeitet die göttlichen Funktionen des Engels des HERRN heraus und zeigt damit auf, warum der Engel des HERRN mit Jesus in Verbindung gebracht wird.

Es hat eine ausgedehnte Diskussion seiner Identität gegeben. **Er ist offensichtlich Gott,** weil diejenigen, die Ihn sehen, darüber staunen, dass sie Gott gesehen haben (Richter 13,21-22). Zudem redet er für Gott in der grammatisch **erste Person** (1. Mose 16,10; 2. Mose 3,2.6; Richter 2,1). **Er wird mit dem präinkarnierten Christus identifiziert** – und zwar auf der Basis der Ähnlichkeiten in den Funktionen."[73]

Niemand hat jemals (1) die unverhüllte Herrlichkeit Gottes gesehen, und niemand hat (2) Gott den Vater gesehen. Doch im Neuen Testament hat der Sohn Jesus Ihn bei seiner Menschwerdung offenbart (Joh. 1,18); im Alten Testament hat er ihn als (1) Jahwe und als (2) der Engel des HERRN vertreten.

---

[73] Andrew Bowling. מַלְאָךְ (mal°ık) messenger, representative. S. 465. Üb. aus dem Englischen.

IV. Wir erkennen und predigen Jesu Christus als Gott der Sohn in der Dreieinigkeit. Dies ist ein grundlegendes hermeneutisch-theologisches „Schirm" -Konzept für die Auslegung des Alten wie des Neuen Testaments.

Die Lehre von der Dreieinigkeit Gottes gehört zu den wichtigsten Nachweisen für Jesus als Gott, sowohl im Alten als auch im Neuen Testament. Jesus ist Gott, aber nicht Er allein, sondern zusammen mit dem Vater und dem Heiligen Geist.

Wichtige Grundlagen der Lehre von der Dreieinigkeit Gottes

Ein richtiges Verständnis der Dreieinigkeit Gottes ist notwendig, um Jesus im Alten Testament angemessen zu erkennen. Wenn Gott wirklich dreieinig ist, dann war Er schon immer dreieinig. Gott ist unwandelbar und ändert sich nicht.[74] Er war immer dreieinig, Er ist dreieinig und Er wird immer dreieinig bleiben. Folgendes sind die wichtigsten Elemente der Lehre von der Dreieinigkeit Gottes:

(a) Es gibt nur einen Gott.[75]

---

[74] Maleachi 3,6; Hebräerbrief 13,8; Jakobusbrief 1,17.

75 5. Mose 4,35.39; Psalm 86,9-10; Johannes 5,44; 1. Korintherbrief 8,4.

(b) Gott existiert in drei Personen.[76] Jede Person ist völlig Gott. Gott der Vater ist Gott.[77] Gott der Sohn, Jesus Christus, ist Gott.[78] Gott der Heilige Geist ist Gott.[79]

(c) Die drei Personen der Dreieinigkeit sind tatsächlich auch für sich genommen vollständige Personen. Der Vater ist eine Person, aber Er ist weder der Sohn, noch der Heilige Geist. Der Sohn ist eine Person, aber Er ist weder der Vater, noch der Heilige Geist. Und der Heilige Geist ist eine Person, aber Er ist weder der Vater, noch der Sohn. Sie stehen in einer Beziehung zueinander als „Wir", „Uns", „Ich", „Du" und „Er."

Die Lehre von der Dreieinigkeit Gottes im Alten Testament

Die Informationen in der Offenbarung des Alten Testaments sind nicht ausreichend, um die Lehre von der Dreieinigkeit auszuformulieren. Dass es nur einen Gott gibt, wird im Alten Testament deutlich gelehrt.80 Die Gottheit des Vaters und des kommenden Messias wird ebenfalls offenbart.81

---

[76] Der Name Gottes „Elohim" steht in der grammatikalischen Mehrzahl. Einige Theologen sehen diese Tatsache als Hinweis auf die Dreieinigkeit; andere Theologen verstehen diese Form als eine Mehrzahl von Majestät, um die Größe Gottes wiederzugeben. Betrachte folgende Verse bezüglich der Pluralform von Gott (Trinität): 1. Mose 1,26; 3,22; 11,7-8; Jesaja 6,8; 48,16; Matthäus 3,16-17; Markus 1,10-11; Lukas 3,21-22;

[77] Johannes 5,18; 6,27; 13,3; 20,17; Römerbrief 1,7; 15,6; 1. Korintherbrief 1,3; 15,24; 2. Korintherbrief 1,2; Epheserbrief 4,6; Philipperbrief 4,20.

[78] Jesaja 9,5; Matthäus 26,63-65; 27,43; Markus 14,61-63; Lukas 22,70-71; Johannes 1,1-3.14; 5,18; 8,58; 10;30; 10,28; 14,9; Kolosserbrief 1,16-17; 2,9; Hebräerbrief 1,8.

[79] Matthäus 28,19; Apostelgeschichte 5,3-4; 2. Korintherbrief 13,13.

[80] 5. Mose 4,35.39; Psalm 86,9-10 .

[81] Der kommende Messias, der als geborenes Kind und gegebener Sohn beschrieben wird, wird auch als „starker Gott" und „Vater der Ewigkeit" bezeichnet (Jesaja 6,5 – Elb).

Zudem finden wir im Alten Testament Hinweise darauf, dass Gott aus mehr als nur einer Person besteht. Diese Hinweise sind nicht eindeutig, aber sie stimmen mit der Lehre der Dreieinigkeit im Neuen Testament überein.

Und Gott sprach: **Lasset uns** Menschen machen, ein Bild, das **uns** gleich sei, die da herrschen über die Fische im Meer und über die Vögel unter dem Himmel und über das Vieh und über alle Tiere des Feldes und über alles Gewürm, das auf Erden kriecht. (1. Mose 1,26 – Elb)

Und Gott, der HERR, sprach: Siehe, der Mensch ist geworden **wie einer von uns**, zu erkennen Gutes und Böses. (1. Mose 3,22a – Elb)

Wohlan, **lasst uns** herabfahren und dort ihre Sprache verwirren, dass sie einer des anderen Sprache nicht *mehr* verstehen! Und der HERR zerstreute sie von dort über die ganze Erde; und sie hörten auf, die Stadt zu bauen. (1. Mose 11,7-8 – Elb)

Und ich hörte die Stimme des Herrn, der sprach: Wen soll ich senden, und wer wird **für uns** gehen? Da sprach ich: Hier bin ich, sende mich! (Jesaja 6,8 – Elb)

Im Kontext von Jesaja 48,12-16 gibt es einen starken Hinweis auf die Dreieinigkeit. Zuerst redet Gott. Er ist „der erste und… der letzte" (V. 12) und Er hat die Erde und den Himmel erschaffen (V.13). *Dies muss aber Gott der Sohn sein*, weil Er in Vers 16 von dem Herrn, HERR (אֲדֹנָי יְהוִה – „Jahwe der Herr) gesendet wird und Ihm wird der Geist Gottes verliehen.

¹² Höre auf mich, Jakob, und Israel, mein Berufener! *Ich bin, der da ist, ich der Erste, ich auch der Letzte.*
¹³ *Ja, meine Hand hat die Grundmauern der Erde gelegt und meine Rechte die Himmel ausgespannt; ich rufe ihnen zu: allesamt stehen sie da.*
¹⁴ Versammelt euch, ihr alle, und hört! Wer unter ihnen hat dies verkündet? Der HERR liebt ihn. Er wird an Babel ausführen, was ihm gefällt, und sein Arm *wird* die Chaldäer *richten.*
¹⁵ Ich, ich selbst habe geredet, ja, ich habe ihn gerufen. Ich habe ihn kommen lassen, und sein Weg wird gelingen.
¹⁶ Tretet her zu mir, hört dies! Ich habe von Anfang an nicht im Verborgenen geredet; von der Zeit an, da es geschah, bin ich da. - **Und nun hat der Herr, HERR, mich gesandt und seinen Geist verliehen.** (Jesaja 48,12-16 – Elb)

Die Offenbarung der Dreieinigkeit im Neuen Testament

Im Neuen Testament wird die Lehre von der Dreieinigkeit deutlich offenbart. Nicht nur der Vater und der Messias (der Sohn) werden – wie schon im Alten Testament – als Gott bezeichnet, sondern auch der Heilige Geist. Die drei Personen sind ein Gott, aber sie sind drei einzelne Personen. Und sie alle sind völlig Gott!

Wayne Grudem schreibt in seiner bekannten Systematic Theology Folgendes über die Dreieinigkeit:

Was ist die Beziehung zwischen den drei Personen und dem Sein Gottes? ... Zuerst ist es wichtig zu bestätigen, dass jede Person vollkommen und völlig Gott ist; d.h. dass jede Person die ganze Fülle von Gottes Sein in sich hat. Der Sohn ist nicht ein Teil von Gott oder nur ein Drittel von Gott, sondern der Sohn ist ganz und völlig Gott. Dasselbe gilt für den Vater und für den Heiligen Geist.[82] Wir müssen sagen, dass die Person des Vaters das ganze Sein von Gott in sich besitzt. Ähnlich besitzt der Sohn das ganze Sein von Gott in sich,[83] und der Heilige Geist besitzt das ganze Sein von Gott in sich. Wenn wir von Vater, Sohn und Heiliger Geist zusammen reden, reden wir nicht von einem größeren Sein, als wenn wir vom Vater allein reden, oder vom Sohn allein oder vom Heiligen Geist allein. Der Vater ist alles vom Sein Gottes. Der Sohn ist auch alles vom Sein Gottes. Und auch der Heilige Geist ist alles vom Sein Gottes.[84]

Der dreieinige Gott, Jahwe, ist allgegenwärtig (Psalm 139,4.7-12). Wo Gott ist, dort sind alle drei Personen der Gottheit. Der Vater ist in Jesus und Jesus ist im Vater (Johannes 10,38). Die ganze Fülle der Gottheit ist in Jesus (Kol. 2,9). Jesus wurde vom Heiligen Geist erzeugt, erfüllt, gesalbt und geführt (Mat. 1,18; 4,1.18). Und alle drei Personen der Dreieinigkeit sind in besonderer Weise im gläubigen Menschen wohnhaft (Kol. 1,27; Joh. 14,20.23.26; 1. Kor. 6,19; Röm. 8,9).

Wie verstehen die Autoren des Neuen Testaments Gott, wenn sie über Ihn schreiben? Identifizieren sie Gott im Alten Testament allein als den Vater oder als den dreieinigen Gott Vater, Sohn und Heiliger Geist?

Benjamin B. Warfield schreibt über das Verständnis der Autoren im Neuen Testament:

---

[82] Wayne Grudem, *Systematic Theology*. Grand Rapids: Zondervan, 1994. S. 252.

[83] Siehe Kolosserbrief 1,19; 2,9.

[84] Grudem, Systematic Theology. S. 252.

Sie stellen Jahwe nicht zwei neue Götter zur Seite, damit ihnen ebenso wie ihm gedient und sie angebetet werden; sie verstehen Jahwe selbst als Vater, Sohn und Geist gleichzeitig. ... Ohne erkennbare Bedenken nehmen sie [die Autoren im Neuen Testament] Stellen aus dem Alten Testament und ordnen sie beliebig dem Vater, dem Sohn oder dem Heiliger Geist zu.""[85]

Die Dreieinigkeit tritt erst im Neuen Testament deutlich zutage. Die gläubigen Menschen und die Autoren im Alten Testament hatten nicht die Erkenntnis der Dreieinigkeit, wie Christen heute sie durch die Offenbarung der Dreieinigkeit **im Neuen Testament** haben. Wir dürfen jetzt wissen, dass Jesus überall im Alten Testament dabei war, wo der Vater oder der Heilige Geist auftraten. **Dürfen wir aber diese Erkenntnisse verwenden, wenn wir das Alte Testament auslegen?**

Ein Vergleich dazu soll den Sachverhalt erhellen. Gesetzt der Fall, ein Hilfswerk empfängt jahrelang anonyme Spenden. Niemand weiß, woher die Spenden kommen. Aber nachdem der Spender stirbt, wird seine Identität bekannt. Erst jetzt wird sein Name bekannt und es darf über ihn gesprochen werden – über die Liebe und Großzügigkeit **von Herrn Braun**, die ihn schon zu Lebzeiten kennzeichneten. Niemand würde zögern, ihn nun beim Namen zu nennen, nur weil sein Name vorher unbekannt war.

So ähnlich ist es mit Jesus. Die Menschen im Alten Testament haben die Lehre von der Dreieinigkeit nicht erkannt. Menschen im Alten Testament haben nicht gewusst, dass die

---

[85] Benjamin B. Warfield, "The Biblical Doctrine of the Trinity." *Biblical and Theological Studies*. Philadelphia: The Presbyterian and Reformed Publishing Company, 1968. S. 31.

Identität der zweiten Person der Dreieinigkeit **Jesus Christus ist, der ewig ist, der alles erschaffen hat, der allmächtig und allgegenwärtig ist, und der auch zur Zeit des Alten Testaments sein Volk versorgte.**[86] Aber weil wir dies jetzt durch die Offenbarung des Neuen Testaments wissen, dürfen wir sowohl über Jesus als auch über den Vater und über den Heiligen Geist in Bezug auf die Werke und Eigenschaften Gottes im Alten Testament reden.

Wenn wir eine Stelle im Alten Testament auslegen, müssen wir zuerst feststellen, was der Leser damals verstehen konnte (bevor das Neue Testament offenbart wurde). Was war die Botschaft für die Leser damals? Aber weil Gott uns heute zusätzliche und ergänzende Offenbarungen im Neuen Testament gegeben hat, sollen wir diese auch verwenden, um den Text des Alten Testaments besser zu verstehen, einschließlich und in besonderer Weise die Offenbarungen über Christus und die Dreieinigkeit.

<u>Schlussfolgerungen für das Verständnis der Dreieinigkeitslehre im Alten Testament und für das Erkennen von Christus im Alten Testament</u>

Es wurde bereits erwähnt, dass der Name für Gott אֱלֹהִים („Elohim") etwa **2.570 Mal** im Alten Testament vorkommt, 87 sein weiterer Name, יְהוָה („Jahwe"), sogar etwas **6.823 Mal**. 88 Wenn keine der drei Personen der Dreieinigkeit individuell und spezifisch genannt wird, dann bezeichnen diese Namen nicht nur eine Person der Dreieinigkeit (wie Gott

---

[86] Jesus versorgte sein Volk (1. Korinther 10,4) in Verbindung mit den anderen Personen der Gottheit.

[87] Jack Scott, „'ĕlōhîm. God, gods, judges, angels." *Theological Wordbook of the Old Testament*, S. 44-45.

[88] יהוה , *Lexicon in Veteris Testamenti Libros*. Herausgegeben von Ludwig Koehler und Walter Baumgartner. Leiden: E.J.Brill, 1958. S. 368.

den Vater oder Gott den Sohn), sondern den dreieinigen Gott, nämlich Vater, Sohn und Heiliger Geist. Dazu schreibt Johannes Calvin:

> . . . immer, wenn der Name Gottes ohne bestimmten Artikel verwendet wird, sind der Sohn und der Geist nicht weniger gemeint als der Vater. [89]

Auf diese Weise wird Jesus, mit diesen zwei Namen, Elohim und Jahwe, (zusammen mit dem Vater und dem Heiligen Geist) über 9.000 Mal im Alten Testament genannt. So finden wir Jesus überall im Alten Testament – seine Eigenschaften und seine Werke.

Manche Leute werden fragen: „Spricht das Alte Testament nicht hauptsächlich von Gott dem Vater? Werden nicht erst im Neuen Testament Jesus und der Heilige Geist betont?" Eine Analyse der Verwendung des Begriffs „Vater" im Alten Testament zeigt auf, dass der Begriff vielfältig verwendet wird, aber Gott nicht im Sinne der Beziehung innerhalb der Dreieinigkeit als Vater bezeichnet wird.

Das Wort „Vater" wird etwas 450 Mal im AT benutzt.

1. Für irdische Väter - etwa 425 Mal, wie:
    Darum wird ein Mann seinen <u>Vater</u> und seine Mutter verlassen und seiner Frau anhängen, und sie werden zu einem Fleisch werden. (1. Mose 2,24 – Elb)

2. Für den dreieinigen Gott als <u>Vater von Israel</u> - circa 11 Mal, wie:

---

[89] Johannes Calvin, *Institutes of the Christian Religion.* Grand Rapids: Eerdmans, 1972. Bd. I, 1, 20, S. 127.

Denn du bist unser Vater. Denn Abraham weiß nichts von uns und Israel kennt uns nicht. Du, HERR, bist unser Vater, unser Erlöser von alters her, das ist dein Name (Jesaja 63,16 – Elb).

3. Jesus wird der *„Vater der Ewigkeit" genannt* - *Jesaja 9,5* (Siehe Erklärung unten)

4. Jahwe wird als *der geistliche Vater Salomos* bezeichnet - 2. Samuel 7,14; 1. Chron. 17,13; 22,10; 28,6

5. Gott ist *ein Vater der Waisen* - Psalm 68,6

6. Gott, der *geistliche Vater von David* - *Psalm 89,27*

7. Joseph als *Vater* für den Pharao - 1. Mose 45,8

8. Im Buch Richter machen Micha und die Sippe Dan einen Leviten zum „geistlichen" Vater - Richter 17,10

9. Elisa nennt Elia zwei Mal *Vater* - 2. Könige 2,12

10. Die Diener von Naaman nannten ihn „lieber Vater" - 2. Könige 5,13

11. König Joram nannte Elisa *„mein Vater"* - 2. Könige 6,21

12. Joas nannte Elisa zwei Mal "*mein Vater*" - 2. Könige 13,14

13. Hammat wird als *Vater der Rechabiter* bezeichnet - 1. Chron. 2,55

14. Tehinna wird als *Vater* der Stadt Nahasch
    bezeichnet - 1. Chron 4,12

15. Joab gilt als der Vater des Tals der Zimmerleute
    - 1. Chron. 4,14

16. Hiob bezeichnet das Grab poetisch als seinen Vater
    - Hiob 17,14

17. Hiob war ein Vater der Armen - Hiob 29,16

18. Hiob fragt, ob der Regen einen Vater hat
    - Hiob 38,28

19. Eljakim soll ein *Vater* der Einwohner Jerusalems
    und des Hauses Judas werden - Jesaja 22,21

20 Götzendiener nennen Holz „*mein Vater*"
    - Jeremia 2,27

21. Israels „*geistlicher*" *Vater* war ein Amoriter
    - Hesekiel 16,3 und 16,45

Zusammenfassung des Gebrauchs von „Vater" im Alten Testament:

Hauptsächlich wird der Begriff „Vater" im Alten Testament für irdische Väter benutzt. Der Ausdruck „Vater" wird
aber auch verwendet, um Gott oder Jahwe, den dreieinigen
Gott, als Vater Israels, Salomos, Davids und der Waisen zu
bezeichnen. Wir finden aber keinen deutlichen Gebrauch von
„Vater" als Bezeichnung des Vaters im Sinne der Dreieinigkeit, wie sie in der trinitarischen Beziehung im Neuen Testament vorkommt.

Einmal wird Gott der Sohn deutlich als „Vater der Ewigkeit" (Jesaja 9,5) bezeichnet. Damit wird wahrscheinlich Jesus mit dem Vater und mit dem Heiligen Geist in der Dreieinigkeit identifiziert, ebenso wie bei dem normalen Gebrauch von „Gott". Der dreieinige Gott ist der „ewige Vater und Schöpfer" und in diesem Sinne der Vater aller Menschen.

An einer Stelle im Alten Testament wird die Vater-Sohn Beziehung zwischen Gott dem Vater und Jesus dem Sohn gelehrt, obwohl das Wort „Vater" nicht verwendet wird.

Mein Sohn bist du, ich habe dich heute gezeugt.
(Psalm 2,7b – Elb)

Das Neue Testament nimmt Bezug auf diese Stelle und erklärt, dass hier die Vater-Sohn-Beziehung zwischen Gott dem Vater und Gott dem Sohn beschrieben wird, indem Gott der Vater Jesus vom Tode auferweckt hat (Apostelgeschichte 13,32-34). Diese Stelle musste im Neuen Testament erklärt werden, um ihre trinitarische Bedeutung verständlich zu machen.

Es wird deutlich, dass wir keinen Grund dazu haben, die Begriffe „Gott" oder „HERR" im Alten Testament ausschließlich dem Vater zuzuordnen. Diese Bezeichnungen beziehen sich auf den einen wahren Gott und deshalb auf alle drei Personen der Gottheit, weil jede Person der Dreieinigkeit völlig Gott ist.

Dürfen wir auf der Basis dieser Beobachtungen im Alten Testament Jesus in den Bezeichnungen „Elohim" und „Jahwe" erkennen? Selbstverständlich! Aber nicht Jesus allein, sondern Jesus zusammen mit dem Vater und mit dem Heiligen Geist,

Wir können dieses Ergebnis im Prinzip auf den Namen Gottes „Herr Zebaoth" anwenden. Man kann sich fragen, ob Martin Luther in der zweiten Strophe seines Liedes „*Eine feste Burg*" ein richtiges theologisches Verständnis der Gottheit Jesu formulierte.

Mit unsrer Macht ist nichts getan,
Wir sind gar bald verloren;
Es steit't für uns der rechte Mann,
Den Gott hat selbst erkoren.
Fragst du, wer der ist?
Er heißt Jesu Christ, der Herr Zebaoth,
Und ist kein andrer Gott,
Das Feld muss er behalten.

Hat Martin Luther Recht? Ist Jesus „der Herr Zebaoth"? Ist er kein anderer Gott"? Ja! Wir sollen zusammen mit Martin Luther Jesus als den alleinige Gott verstehen, **der völlig Gott ist - und gleichzeitig eins mit dem Vater und mit dem Heiligen Geist?**

Der hebräische Ausdruck יהוה צְבָאוֹת („Jahwe Zebaoth") bedeutet „HERR der Armeen" oder „HERR der Heerscharen" und kann auch mit „allmächtiger HERR" übersetzt werden. John Hartley schreibt:

Obwohl der Titel militärische Andeutungen hat, deutet er direkt auf die Herrschaft des HERRN über das ganze Universum hin.[90]

---

[90] John Hartley, "צְבָאוֹת armies, hosts." *Theological Wordbook of the Old Testament,* Laird Harris, Gleason Archer, und Bruce Waltke, Herausgeber. Band I. Chicago: Moody Press, 1980. S. 750-751.

Diese Bezeichnung für den dreieinigen Gott wird ca. 286 Mal in 15 Büchern des Alten Testaments verwendet. Weil jede Person der Dreieinigkeit völlig Gott ist, ist Gott der Vater „Jahwe Zebaoth". Gleichermaßen ist Gott der Sohn „Jahwe Zebaoth". Und auch Gott der Heilige Geist ist „Jahwe Zebaoth."

Schlussfolgerungen

Die Bezeichnungen „Gott" und „HERR" **im Alten Testament** beziehen sich auf den dreieinigen Gott. Er ist sowohl der Gott des Alten als auch des Neuen Testaments. Das, was Gott im Alten Testament getan hat, hat die zweite Person der Gottheit in Verbindung mit dem Vater und mit dem Heiligen Geist getan. Die Eigenschaften Gottes teilen alle drei Personen. Es ist deshalb völlig angemessen, Jesus im Alten Testament zu erkennen, wenn die Eigenschaften und Werke Gottes genannt werden, und Jesus zu betonen, wie es auch die Schreiber des Neuen Testaments getan haben, deren Bibel hauptsächlich aus dem Alten Testament bestand.

Leser müssen **im Neuen Testament** allerdings bei der Identifizierung von „Gott" aufpassen, weil die Lehre der Dreieinigkeit im Neuen Testament vorkommt. Manchmal bezeichnet der Ausdruck den dreieinigen Gott, also Vater, Sohn und Heiliger Geist, doch häufig ist nur Gott der Vater gemeint. Doch auch Jesus und der Heilige Geist können mit dem Ausdruck „Gott" gemeint sein. Anhand des Kontexts können die Leser erkennen, welche Person der Dreieinigkeit gemeint ist. Einige Beispiele können dabei behilflich sein:

In 1. Petrus 2,17 und in 1. Johannes 4,7-8 ist der dreieinige Gott gemeint:

Erweist allen Ehre; liebt die Bruderschaft; **fürchtet Gott**; ehrt den König!

Geliebte, lasst uns einander lieben! Denn **die Liebe ist aus Gott**; und jeder, der liebt, ist **aus Gott geboren** und **erkennt Gott**. Wer nicht liebt, **hat Gott nicht erkannt, denn Gott ist Liebe.**

In Johannes 5,22-23 und Johannes 8,54 wird Gott der Vater mit den Bezeichnungen „Vater" und „Gott" beschrieben:

Denn der **Vater** richtet auch niemand, sondern das ganze Gericht hat er dem Sohn gegeben, damit alle den Sohn ehren, wie sie den **Vater** ehren. Wer den Sohn nicht ehrt, ehrt den **Vater** nicht, der ihn gesandt hat.

Jesus antwortete: Wenn ich mich selbst ehre, so ist meine Ehre nichts; **mein Vater** ist es, der mich ehrt, von dem ihr sagt: **Er ist unser Gott.**

In Johannes 20,28 und in Titus 2,13 wird Jesus als Gott bezeichnet:

Thomas antwortete und sprach zu ihm: „**Mein Herr und mein Gott!**"

... indem wir die glückselige Hoffnung und Erscheinung der Herrlichkeit **unseres großen Gottes und Heilandes Jesus Christus** erwarten.

In Apostelgeschichte 5,3-4 wird der Heilige Geist als Gott dargestellt.

Petrus aber sprach: Hananias, warum hat der Satan dein Herz erfüllt, dass du *den Heiligen Geist belogen* und von dem Kaufpreis des Feldes beiseite geschafft hast? Blieb es nicht dein, wenn es <u>unverkauft</u> blieb, und war es nicht, nachdem es verkauft war, in deiner Verfügung? Warum hast du dir diese Tat in deinem Herzen vorgenommen? *Nicht Menschen hast du belogen, sondern Gott.*

Falsche Sichtweisen von Gott werden korrigiert und der Reichtum der Erkenntnis Jesu im Neuen Testament wird durch das Alte Testament ergänzt

Sowohl viele Nichtchristen als auch zahlreiche Christen unterscheiden stark zwischen dem Gott des Alten und dem Gott des Neuen Testaments. Sie betrachten Gott im Alten Testament als allmächtig und souverän, aber auch als streng und hart, der Gerechtigkeit betont und manchmal unbarmherzig richtet. Dagegen verstehen sie Jesus, Gott den Sohn, im Neuen Testament als sanftmütig und demütig, der Kinders und Sündern liebevoll begegnet, der Barmherzigkeit mehr als Gerechtigkeit betont, der allerdings manchmal schwach ist und von den Entscheidungen anderer, wie z.B. von Pilatus, abhängig ist.

Aber weil Gott im Alten und im Neuen Testament derselbe Gott ist, müssen wir diese weit verbreitete Sicht korrigieren. Die Schrift lehrt uns sogar, dass Gott in seinem göttlichen Wesen unveränderlich ist.[91]

Ich, der HERR, wandle mich nicht. (Maleachi 3,6a - Lut)

---

[91] Obwohl Jesus zusätzlich zu seiner göttlichen Natur eine menschliche Natur annahm und damit auf den Gebrauch von einigen göttlichen Attributen verzichtete, blieb sein göttliches Wesen doch auch in der Zeit seiner Erniedrigung unverändert.

Alle gute Gabe und alle vollkommene Gabe kommt von oben herab, von dem Vater des Lichts, bei dem keine Veränderung ist noch Wechsel des Lichts und der Finsternis. (Jakobusbrief 1,17 - Lut)

Jesus Christus gestern und heute und derselbe auch in Ewigkeit. (Hebräerbrief 13,8 - Lut)

Wir müssen erkennen, dass im Neuen Testament in Bezug auf Jesus nicht nur von Gnade und Barmherzigkeit die Rede ist, sondern auch von Gerechtigkeit und Gericht. Jesus verbindet Gnade und Wahrheit.[92] Er kam in die Welt, nicht um Menschen zu richten, sondern um Menschen zu retten,[93] aber zugleich warnte er auch deutlich davor, dass jeder, der nicht an Ihn glaubt, bereits gerichtet ist und der Zorn Gottes auf ihm bleibt.[94] Jesus macht deutlich, dass Ihm das Recht übergeben wurde, Gericht zu halten.[95]

In seinem Eifer für die Ehre Gottes hat Jesus den Tempel zweimal mit Gewalt von Geldwechslern und Tierkäufern gereinigt, denn der Tempelhof war für das Gebet der Heiden bestimmt. Jesus klagte die Schriftgelehrten und Pharisäer an; Er bezeichnete sie sechsmal als „Heuchler" und rief siebenmal „wehe euch" über sie aus, weil ihnen als Strafe die Hölle drohte.[96]

Das Wort, dass Jesus für Hölle benutzt, ist γέεννα (Gehenna), das Tal von Hinnom südlich von Jerusalem, in dem tote Tiere und Abfall verbrannt wurde; es stand symbolisch

---

[92] Johannes 1,14. Jesus ist die Quelle der Gnade und Wahrheit (Johannes 1,17).

[93] Johannes 3,14-17.

[94] Johannes 3,18.36.

[95] Johannes 5,22.27.30.

[96] Matthäusevangelium 23,13-33.

für die Hölle. Zwölfmal wird im Neuen Testament der Ausdruck γέεννα (Gehenna) für Hölle verwendet, davon elf Mal von Jesus! Nein, wir finden im Neuen Testament nicht nur einen milden und barmherzigen Jesus, sondern auch einen gerechten, mutigen und heiligen. Er warnt die Juden eindringlich vor dem kommenden Gericht, dass diejenigen treffen wird, die Ihn ablehnen.

Wenn wir das Alte Testament sorgfältig lesen, so erkennen wir, dass schon dort Gott nicht ausschließlich Gerechtigkeit und Gericht kennzeichnen, sondern dieselbe Gnade und Barmherzigkeit, die wir bei Jesus im Neuen Testament sehen. Als Hagar noch vor der Geburt von Ismael vor Abram und Sarai floh, begegnete Gott ihr mit Sanftmut und ermutigenden Verheißungen.[97] Später wurde Hagar mit ihrem Sohn Ismael von Abraham fortgeschickt. Ismael war in Todesgefahr, aber Gott rettete ihn und seine Mutter und gab ihr erneut eine Verheißung.[98]

Auch im Alten Testament stoßen wir auf die Anordnung, nicht einfach nur den Nächsten zu lieben, sondern den Fremden zu „lieben wie dich selbst."[99] Im Alten Testament sehen wir, dass Gottes barmherzig zu den Assyrern in Ninive war, einem kriegerischen Volk, das mit grausamer Gewalt über andere Nationen herrschte. Durch Gottes Gnade und die Predigt von Jona kam es in der heidnischen Stadt Ninive zu einer Erweckung, die wahrscheinlich sogar größer war als die meisten Erweckungen, die wir im Neuen Testament finden.[100]

---

[97] 1. Mose 16,6-14.

[98] 1. Mose 21,14-19.

[99] 3. Mose 19,34.

[100] Jona 3,4-10;4,2.11. Gott rettete auch die Hure Rahab und die moabitische Frau Ruth; beide wurden in die Familienlinie eingefügt, die zu Jesus führt. Matthäusevangelium 1,5.

Über die Gnade Gottes im Alten Testament können wir nur staunen, wenn wir lesen, wie Israel immer wieder gegen Gott rebellierte. Gott musste Israel strafen, aber er vergab Israel immer wieder und half dem Volk, wenn es Buße tat – angefangen von der Wüstenwanderung (1445 v. Chr.)[101] bis hin zur Reinigung der schuldbeladenen Priester und Leviten in Maleachi (ca. 420 v. Chr.).[102]

Dieser allmächtige, souveräne, gerechte, barmherzige und gnädige Gott des Alten Testaments, war und ist der dreieinige Gott, Vater, Sohn und Heiliger Geist. Wenn wir Jesus Christus, unseren Erlöser, im Neuen Testament anschauen, können wir uns deshalb auch an Seine Eigenschaften und mächtigen Werke im Alten Testament erinnern, die geprägt sind von Barmherzigkeit, Gnade und Rettung. **Auf diese Weise werden unser Verständnis, unser Respekt, unsere Achtung und unsere Liebe zu Jesus durch das Alte Testament bereichert.**

Wenn wir umgekehrt von den wunderbaren Eigenschaften Jesu im Neuen Testament lesen, erkennen wir, dass Jesus immer dem Willen des Vaters entsprechend geredet und gewirkt hat.[103] So bereichern die Worte und Taten Jesu im Neuen Testament unser Verständnis und unsere Achtung vor dem dreieinigen Gott im Alten Testament.

Wir verstehen Jesus noch besser, wenn wir Ihn im Alten Testament sehen. Gleichzeitig verstehen wir den dreieinigen Gott im Alten Testament noch besser, wenn wir im Neuen Testament die Gnade und Wahrheit in Jesus erkennen.

---

[101] 2. Mose 15,22-26.

[102] Maleachi 1,6-14; 3,3.

[103] Johannes 5,19.30; 6,38; 10,37; 14,24.

Anwendung

Wir erkennen die anderen Personen der Dreieinigkeit an und würdigen sie im gleichen Maß wie die zweite Person der Gottheit, aber wir fokussieren uns besonders auf Jesus, weil Er der erwählte Mittler zwischen Gott und den Menschen ist (Hebräerbrief 12,1-2; 1. Timotheusbrief 2,5; Hebräerbrief 7,25) und weil die Menschen Jesus vertrauen müssen, um gerettet zu werden (Johannes 14,6; Apostelgeschichte 4,12) und um im Glauben zu wachsen (Johannes 15,5; 2. Korintherbrief 12,9).

Wird durch eine derartige Betonung Christi nicht der „ganze Ratschluss Gottes" vernachlässigt?

Wir wollen und sollen den ganzen Ratschluss Gottes predigen – jedes Buch und jedes Thema der Bibel. Am Ende der dritten Missionsreise des Paulus ließ er die Ältesten der Gemeinde in Ephesus zu ihm nach Milet kommen. Er bezeugte:

Deshalb bezeuge ich euch am heutigen Tag, dass ich rein bin vom Blut aller; denn ich habe nicht zurückgehalten, euch den ganzen Ratschluss Gottes zu verkündigen. (Apostelgeschichte 20,26-27 – Elb.)

Das griechische Wort für Ratschluss lautet βουλή und bedeutet „Rat, Entscheidung, Zweck, Plan" Gottes. Dieser Begriff bezeichnet in besonderer Weise den Zweck und das Ziel Gottes in Bezug auf die Erlösung der Menschen durch Christus. Im Kontext von Apostelgeschichte 20,27 sind „alle Inhalte des göttlichen Plans" im Blickfeld.104

---

[104] "βουλή", *Thayer's Greek Lexicon*, Revised by Joseph H. Thayer. New York: American Book Company, 1889. S. 104-105.

Paulus predigte „alle Inhalte des göttlichen Plans" und betonte gleichzeitig Jesus. Es stellt sich die Frage, ob eine konsequente Betonung Christi in jeder Predigt nicht verhindert, dass der Prediger den ganzen Ratschluss Gottes predigen kann. Diese Frage ist berechtigt, zeigt jedoch zugleich auf, wie eng unser Verständnis von Jesus oft ist. Paulus predigte Jesus, weil Jesus im Mittelpunkt des Planes Gottes für die Menschheit steht – genau so, wie alle Radspeichen einer Fahrradfelge zur Achse führen. Der ganze Ratschluss Gottes darf nie als eine große Liste von Themen verstanden werden, die auch unabhängig von Jesus Sinn haben.

Bei Auslegungspredigten besteht die Gefahr, dass Themen unabhängig von Jesus behandelt werden können. Wenn ein biblisches Buch komplett durchgelesen wird, kann der Leser im Kontext des gesamten Buches die Verbindungen zu Jesus erkennen und die einzelnen Abschnitte in diesen Kontext einordnen. Doch wenn eine Predigtreihe zu einem Buch der Bibel gehalten wird, wird das Buch üblicherweise in Abschnitte eingeteilt und jede Predigt befasst sich nur mit einem konkreten Textabschnitt. Wenn nun die einzelnen Abschnitte abgekoppelt von dem Kontext und dem übergreifenden Gedankengang des gesamten Buches gepredigt werden, kann die beabsichtigte Intention des Autors für diesen Abschnitt bezüglich der Verbindung zu Christus leicht verloren gehen.

Der Prediger sollte deshalb sorgsam darauf achten, die Intention des Autors im Blick zu behalten, wenn er über einzelne Textabschnitte predigt. Überspitzt gesagt könnte beispielsweise ein Prediger bei dem Bericht über die Reise des Paulus nach Rom, auf der das Schiff auseinanderbricht, versucht sein, über den damaligen Schiffsbau zu referieren. Er könnte einen sehr interessanten Vortrag über den Schiffbau im ersten Jahrhundert halten und zu der kreativen Anwendung kommen, dass wir Maßnahmen ergreifen sollen, um Unfälle zu vermeiden; doch diese Predigt wäre keine Predigt entsprechend dem Ratschluss Gottes, weil die Intention des Autors und die Verbindung zu Jesus ignoriert wurden.

Muss Jesus in der Predigt immer vorkommen?

Jesus ist keine kleine Figur in der Ecke des Universums, sondern der unendliche, allwissende, allmächtige und allgegenwärtige Gott, der alles erschaffen hat. Zusammen mit den anderen Personen der Dreieinigkeit ist er die Quelle und der Ursprung aller Weisheiten und Erkenntnisse der Welt und des Wortes Gottes.[105] Prediger können nie den Reichtum der Offenbarung über Jesus und die Verbindung, die alle Themen zu ihm haben, ganz ausschöpfen. Nach diesem irdischen Leben werden alle Menschen vor Ihm stehen und müssen sich Ihm gegenüber dafür verantworten, wie sie sich nach Seiner Selbstoffenbarung entschieden haben und ob sie im Gehorsam Ihm gegenüber gelebt haben.[106]

Jesus ist in der Bibel nicht nur ein Thema neben tausend anderen, die auch gut unabhängig von Ihm behandelt werden können. Welcher Stern im Universum hat keine Beziehung zum Schöpfer des Universums? Welches Buch oder Thema der Bibel hat keine Verbindung zu der vom Heiligen Geist inspirierten Intention des Autors und zu Gottes ewigem Ratschluss? Wenn Prediger sich die Zeit nehmen und die Mühe machen, den Reichtum der Worte, Beziehungen, Einstellungen, Taten, Prophezeiungen und Typen Jesu, die eine Verbindung zum Predigttext haben, zu erforschen und zu ermitteln, wird die Predigt für die Zuhörer immer bereichernd sein.

---

[105] Kolosserbrief 1,16-17; 2,3.

[106] Johannes 3,36; 5,22-23; Hebräerbrief 9,27.

Allerdings wird hier nicht dafür plädiert, dass die gesamte Predigtzeit dafür verwendet wird, das Evangelium oder die Worte und Taten von Jesus zu erklären. Doch eine Verbindung zu Jesus sollte auf jeden Fall irgendwann in der Predigt oder in der Anwendung exegetisch und theologisch objektiv und sauber hergestellt werden, damit die Zuhörer die Gelegenheit haben, näher zu Jesus zu kommen – zur Erlösung, zur Stärkung und zur Ermutigung; und zwar nicht nur auf der Ebene von Prinzipien, sondern ganz persönlich.

Wenn wir die zwei Fragen von Bryan Chapell in Bezug zu einer beliebigen Stelle der Schrift durchdenken, landen wir dann nicht zwangsläufig bei Jesus?

Was wird in diesem Text über das Wesen Gottes offenbart, das Erlösung anbietet? Wie spiegelt dieser Text etwas über das Wesen des Menschen wider, der erlösungsbedürftig ist? [107]

Die erste Frage fordert uns nicht dazu auf, in jedem Text eine vollständige Erklärung für Gottes Plan zur Erlösung in Christus zu suchen; doch es geht darum, die Wesenseigenschaft des dreieinigen Gottes zu erkennen, die in Verbindung zum Plan Gottes für die Erlösung durch Christus steht. Es wäre hilfreich für den Prediger, sich an den Eigenschaften des dreieinigen Gottes zu orientieren und diese im Blick zu behalten.

Die folgende Tabelle stellt Eigenschaften Gottes dar, die der Prediger bei der Textanalyse stets vor Augen haben sollte.

---

[107] Bryan Chapell, *Christ-Centered Preaching – Redeeming the Expository Sermon.* Grand Rapids: Baker Academic, 2005. S. 284. Üb. aus dem Englischen.

Gott der Vater, Gott der Sohn und Gott der Heilige Geist sind alle Licht, Geist und Liebe

Gott ist Licht 1. Joh. 1,5	Gott ist Geist Joh. 4,24 (als Geist ist Gott...)	Gott ist Liebe 1. Joh. 4,8.16
Heilig Gerecht Treu Wahrhaftig Allwissend	Selbstexistierend Dreieinig Souverän Unendlich Allmächtig Allgegenwärtig Ewig Unwandelbar Allgenügsam Majestätisch Vollkommen Unabhängig Frei Unbegreiflich	Gut Gnädig Barmherzig Geduldig Freundlich Persönlich

Zusammenfassung

Jesus ist ganz Gott, der im Zentrum des christlichen Glaubens steht. Wenn Jesus in der Predigt marginalisiert wird, müssen wir uns ehrlich fragen, ob wir eine christliche Botschaft predigen oder nicht. *Wir sollen auf der Basis der Heiligen Schrift theozentrisch predigen (Gott im Mittelpunkt) und sollen dabei christuszentriert bleiben (Christus im Mittelpunkt).* Diese zwei Betonungen schließen einander nicht aus, weil der Vater und der Sohn eins sind. Beide Betonungen ehren unseren dreieinigen Gott und folgen seinem souveränen Ratschluss der Errettung und Heiligung von Menschen, die ohne Gott kein geistliches Licht für die Erlösung und eine angemessene Lebensführung haben.

V. Wir erkennen und predigen die Gegenwart Jesu Christi bei Seinem Volk im Alten Testament.

Es gibt Stellen im Neuen Testament, die darauf hinweisen, dass Jesus als zweite Person der Gottheit einigen Menschen in Israel begegnet ist. Das Neue Testament liefert auch Hinweise darauf, dass Jesus zur Zeit des Alten Testaments bei seinem Volk war und dass er sich um sie gekümmert hat.

Abraham freute sich, dass er den Tag Jesu sehen durfte. Jesus sagt:

Abraham, euer Vater, jubelte, dass er meinen Tag sehen sollte, und er sah *ihn* und freute sich.
(Johannes 8,56 – Elb)

In diesem Text ist es nicht eindeutig, wann dieses Erlebnis stattfand. Stephanus berichtet aber, dass Gott Abraham erschien, als er noch in Mesopotamien war:

Der Gott der Herrlichkeit erschien unserem Vater Abraham, als er in Mesopotamien war, ehe er in Haran wohnte, und sprach zu ihm: „Geh aus deinem Land und aus deiner Verwandtschaft, und komm in das Land, das ich dir zeigen werde!" (Apostelgeschichte 7,2-3 - Elb)

Die freudige Botschaft an Abraham schloss auch die Verheißung des Messias mit ein. Jahwe gab Abraham die Verheißung, dass alle Familien der Erde durch ihn gesegnet werden, d.h. durch seinen Nachkommen, durch Jesus persönlich (1. Mose 12,1-4; Galaterbrief 3,16).

Als Jahwe Abraham erschien, gab er ihm die Landverheißung:

Und der HERR *erschien* dem Abram und sprach: Deinen Nachkommen will ich dieses Land geben. Und er baute dort dem HERRN, der ihm *erschienen* war, einen Altar. (1. Mose 12,7 – Elb)[108]

Stephanus erzählte auch, dass Abraham von Gott die Verheißung empfangen hatte, dass – obwohl er damals kein Kind hatte – seine Nachkommen das Land Israel als Besitztum empfangen werden. Aber davor mussten seine Nachkommen 400 Jahre lang als Fremdlinge und Knechte in einem fremden Land leben; sie konnten erst danach in das verheißene Land zurückkehren. Gott schloss mit Abraham auch einen Bund, um diese Verheißungen zu bestätigen (Apostelgeschichte 7,4-8). Abraham hatte daher viele Gründe, sich über seine Begegnung mit dem dreieinigen Gott und mit Jesus zu freuen.

Mose hatte Erkenntnisse von Jesus und vertraute Ihm.

Durch den Glauben wollte Mose, als er groß geworden war, nicht mehr als Sohn der Tochter des Pharao gelten, sondern wollte viel lieber mit dem Volk Gottes zusammen misshandelt werden, als eine Zeitlang den Genuss der Sünde zu haben, und hielt *die Schmach Christi* für größeren Reichtum als die Schätze Ägyptens; denn er sah auf die Belohnung." (Hebräerbrief 11,24-26 – Lut)

Christus begleitete *die Israeliten* in der Wüste und versorgte sie mit Wasser:

---

[108] Siehe die Erklärung der Bedeutungen von „erschien" und "erscheinen" auf Seite 42.

... und alle [der Israeliten] dieselbe geistliche Speise aßen und **alle** denselben geistlichen Trank tranken; denn sie tranken aus einem geistlichen Felsen, *der sie begleitete. Der Fels aber war der Christus.* (1. Korintherbrief 10,3-4 - Elb)

Als die Israeliten Wasser brauchten, versorgte Gott sie aus den Felsen. Es wird im Alten Testament nicht erklärt, dass Christus, die zweite Person der Dreieinigkeit, sie mit Wasser versorgte, aber die ergänzende Offenbarung im Neuen Testament stellt diese Tatsache fest. Obwohl die Leser des Alten Testaments nichts davon wissen konnten, dürfen die Leser des Neuen Testaments viel mehr über den Messias erfahren und lernen, als im Alten Testament offenbart wurde.

Obwohl nur die Versorgung mit Wasser durch Jesus ausdrücklich erwähnt wird, können wir im Prinzip annehmen, dass Christus, unter Mitwirkung Gottes des Vaters und des Heiligen Geistes, die Israeliten nicht nur mit Wasser versorgt hat, sondern auch für das Manna und für die anderen Bedürfnisse der Israeliten in der Wüste sorgte.

Deine Kleider sind nicht zerrissen an dir, und deine Füße sind nicht geschwollen diese vierzig Jahre. (5. Mose 8,4 – Elb)

Er [der HERR – Vers 1] hat euch vierzig Jahre in der Wüste wandern lassen. Eure Kleider sind euch nicht zerrissen, auch deine Schuhe nicht an deinen Füßen; ... (5. Mose 29,4 – Elb)

Obwohl Gott die Juden in der Wüste reichlich gesegnet hat, haben sie Ihn mit ihrem Unglauben, Jammern, Klagen und Murren immer wieder versucht. Deshalb wurden sie beispielsweise von den Schlangen angegriffen.

Lasst uns auch **den Christus** nicht versuchen, wie einige von ihnen ihn versuchten und von den Schlangen umgebracht wurden. (1. Korintherbrief 10,9 – Elb)

In diesem Vers übersetzen etwa ein Drittel der Übersetzungen mit „Herr" statt mit „Christus", obwohl die Lesart „Christus" besser bezeugt ist. Die Luther-, die Elberfelder- und die Schlachter-Übersetzung übersetzen diesen Vers alle zu recht mit „Christus".

Dieser Vers kann durchaus als exemplarische Aussage verstanden werden. Wenn Christus die Juden wegen ihres Unglaubens in der Wüste in dieser Situation richtete, können wir davon ausgehen, dass Christus – als eine Person der Dreieinigkeit, in Verbindung mit dem Vater und dem Geist – immer wieder das Gericht über die Juden im Alten Testament durchführte, wo es gerecht und notwendig war.

Aus der Tatsache, dass Jesus HERR (Jahwe) ist, ergibt sich, dass Er Israel aus der Sklaverei in Ägypten errettet hat. Dies wird auch im Neuen Testament bestätigt. Wir lesen im Judasbrief Vers 5:

Ich will euch aber, obwohl ihr alles wisst, erinnern, dass **der Herr,** nachdem *er das Volk einmal aus dem Land Ägypten gerettet hatte*, zum zweitenmal die vertilgte, die nicht geglaubt haben; ... (Judasbrief 5 – Elb)

Die Textzeugen zeigen, dass in den ältesten Manuskripten die Lesart **„Jesus"** statt **„der Herr"** steht. Trotzdem wird in den allermeisten Übersetzungen mit **„der Herr"** übersetzt. In dem *Textual Commentary on the Greek New Testament* von Bruce Metzger findet sich folgende Erklärung:

Trotz des Gewichts der Evidenz, der die Lesart Ἰησοῦς *[„Jesus"]* unterstützt, war eine Mehrzahl im Komitee der Meinung, dass diese Lesart schwierig ist – so schwierig, dass sie geradezu unmöglich ist; daher wurde sie zu einem Kopierfehler erklärt.[109]

. . . .

Metzger gibt zu: „Textkritische Prinzipien fordern offensichtlich die Akzeptanz der Lesart Ἰησοῦς' [‚Jesus'] ... "[110]

Wir vermuten, dass bei der Entscheidung der Mehrzahl des Komitees, die am besten bezeugte Lesart abzulehnen, theologische Vorverständnisse den Ausschlag gegeben haben. Wenn der Leser dem Text jedoch mit einer Orientierung an und Berücksichtigung der biblischen Theologie und der Progression der Offenbarung begegnet, ist die beste Leseart nicht schwer anzunehmen, weil Jesus überall im Alten Testament aktiv war, um seinem Volk beizustehen.

Wir sehen Jesus auch **in der Stiftshütte und im Tempel**. Die Schrift sagt, dass Gott, der Himmel und Erde erschuf, in der Stiftshütte und im Tempel mit seiner Herrlichkeit gegenwärtig war. Bei der Fertigstellung der Stiftshütte wurde sie mit der Herrlichkeit des HERRN erfüllt.[111] Auch bei der Fertigstellung des Tempels und bei seiner Einweihung **erfüllte ihn die Herrlichkeit des HERRN.** [112] Die Gegenwart des

---

[109] Bruce Metzger *Textual Commentary on the Greek New Testament.* United Bible Societies, 1971. S. 725-726. Üb. aus dem Englischen.

[110] Ebd.

[111] 2. Mose 40,33-35.

[112] 2. Chronik 5,1-14; 7,1-3.

HERRN blieb bei Seinem Volk im Tempel, wie dies exemplarisch bei Hiskia zu erkennen ist:

Und Hiskia betete vor dem HERRN: „**HERR, Gott** Israels, der du **über den Cherubim thronst**, du bist es, der da Gott ist, du allein für alle Königreiche der Erde. *Du* **hast den Himmel und die Erde gemacht.**" (2 Könige 19,15 – Elb)

Es gibt in diesem Vers zwei Nachweise dafür, dass Jesus unter Seinem Volk im Tempel gegenwärtig war. Zum einen ist Jesus der Schöpfer von Himmel und Erde, den wir hier im Tempel sehen. Zum anderen zeigt die Identifizierung Jesu mit Jahwe (HERR) durch Johannes im Bericht über die Erscheinung des HERRN bei Jesaja[113] die Gegenwart Jesu im Tempel.

Wenn Jesus mit dem Vater und mit dem Heiligen Geist zusammenwirkte, um das Universum und Adam und Eva zu erschaffen, und wenn wir davon lesen, dass Jesus bei Abraham, Mose und den Israeliten in der Wüste und später im Tempel war, ergibt sich daraus, dass Jesus immer mit Seinem Volk war, von Adam an bis heute, auch wenn der Name „Jesus" im Alten Testament nicht vorkommt.

Thomas Schirrmacher schreibt:

Es gibt allen Grund davon auszugehen, dass Jesus nicht nur das Haupt und der Erlöser der neutestamentlichen Gemeinde ist, sondern bereits im Alten Testament Erlöser und Führer des Volkes Gottes war. Als Israel den Messias Jesus Christus verwarf, verwarf es meines Erachtens

---

[113] Johannesevangelium 12,39-43.

den, der es berufen, geführt, geschützt, erlöst, aber auch gerichtet hatte.[114]

Ja, wir haben solide Gründe dafür zu verkündigen, dass Jesus immer bei Seinem Volk war und immer bei seinem Volk bleibt.[115] Genauso wie heute, der Vater, der Sohn und der Heilige Geist alle zusammen mit uns sind, so waren sie auch mit gläubigen Menschen zur Zeit des Alten Testaments.

Was hat Jesus für Menschen im Alten Testament getan?

Im Neuen Testament wird Jesus nicht nur als König der Könige und Herr der Herren beschrieben,[116] sondern auch als Diener Gottes und der Menschen.

... wenn jemand unter euch der Erste sein will, wird er euer Sklave sein; gleichwie der Sohn des Menschen nicht gekommen ist, um bedient zu werden, sondern um zu dienen und sein Leben zu geben als Lösegeld für viele. (Matthäusevangelium 20,27-28 - Elb)[117]

... denn der Sohn des Menschen ist gekommen, zu suchen und zu retten, was verloren ist. (Lukasevangelium 19,10 – Elb)

Denn Gott hat seinen Sohn nicht in die Welt gesandt, dass er die Welt richte, sondern dass die Welt durch ihn errettet werde. (Johannesevangelium 3,17 - Elb)

---

[114] Thomas Schirrmacher. *Christus im Alten Testament.* Hamburg: Reformatorischer Verlag Beese, 2001, S. 27.

[115] 5. Mose 31,6.8; Josua 1,5; 1. Könige 8,57; Johannes 10,27-29; Hebräerbrief 13,5.

[116] 1. Timotheus 6,15; Offenbarung 7,14; 19,16.

[117] Eine ähnliche Aussage findet sich im Markusevangelium 20,45.

Wir erkennen auch, dass Jesus *im Alten Testament* den Menschen diente und sie segnete! Zuerst hat Jesus durch die Schöpfung von Himmel und Erde der Menschen ein Leben auf der Erde ermöglicht.[118] Jesus war auch seit der Erschaffung der Welt aktiv, um das Universum zu tragen und zu erhalten, damit es nicht im Chaos versinkt.

... alle Dinge durch das Wort seiner Macht trägt,...
(Hebräerbrief 1,3–Elb)

... und alles besteht durch ihn. (Kolosserbrief 1,17 - Elb)

J. B. Lightfoot erklärt die Bedeutung des Begriffs „bestehen" in Kolosserbrief 1,17 folgendermaßen:

συνέστηκεν *„zusammenhalten, binden"* Er (Christus) ist im Prinzip die Bindekraft im Universum. Er verleiht der Schöpfung jene Einheit und jenen Zusammenhalt, die sie zum Kosmos statt Chaos machen.[119]

A. T. Robertson zeigt auf, wie diese Erklärung ein falsches Konzept der griechischen Philosophie korrigiert:

Christus ist die Macht, die alles in der Natur kontrolliert und verbindet. Die gnostische Philosophie, die besagt, dass die Materie böse ist und durch eine unpersönliche göttliche Kraft erschaffen wurde, ist dadurch weggefegt. Der Sohn der Liebe Gottes ist der Schöpfer und Erhalter des Universums, das nicht böse ist.[120]

---

[118] Johannesevangelium 1,3; Kolosserbrief 1,16; Hebräerbrief 1,2.

[119] J. B. Lightfoot. *St. Paul's Epistles to the Colossians and to Philemon.* Lynn, Massachusetts: Hendrickson Publishers, 1981. S. 156.

[120] Archibald T. Robertson, *Word Pictures in the New Testament.* 6 Vols. Nashville: Broadman Press, 1931. Bd. IV: The Epistles of Paul, S. 479.

Die Erhaltung des Universums durch Jesus hat praktische Auswirkungen auf den Segen, der allen Menschen gilt – sowohl denen das Alten als auch denen des Neuen Testaments, ebenso wie heute. Barclay kommentiert:

„In ihm besteht alles." Das heißt, dass der Sohn ein Werkzeug der Schöpfung, dass er das endgültige Ziel der Schöpfung und dass er zwischen Anfang und Ende der Schöpfung der Sohn ist, der die Welt zusammenhält. ... Jedes Naturgesetz ist in Wirklichkeit Ausdruck des göttlichen Denkens. Die Welt wird durch diese Gesetze und damit durch den Geist Gottes zusammengehalten, ohne dem Chaos zu verfallen. Der Sohn ist mithin Anfang und Ende der Schöpfung und die Kraft, durch die die Schöpfung zusammengehalten wird. Er ist der Schöpfer, der Erhalter und der Vollender der Welt."[121]

Das Leben der Menschen auf der Erde wäre unmöglich, wenn Christus die Natur nicht kontrollieren würde. Die Naturwissenschaft hat die Naturgesetze benannt und kategorisiert, aber Christus hat sie erschaffen. Das bedeutet nicht nur, dass die Erde in ihrer Bahn bleibt, damit die Erde nicht allzu kalt oder allzu heiß wird, sondern dass die Schwerkraft konstant bleibt und dass die körperlichen Funktionen, wie der Herzschlag, nicht aufhören! Paulus beschreibt, wie Gott in seiner Gnade die Jahreszeiten schenkt:

Auch wir sind Menschen von gleichen Empfindungen wie ihr und verkündigen euch, dass ihr euch von diesen nichtigen *Götzen* bekehren sollt *zu dem lebendigen Gott, der den Himmel und die Erde und das Meer gemacht hat und alles, was in ihnen ist.* Er ließ in den vergangenen Ge-

---

[121] William Barclay. *Brief an die Philipper, Brief an die Kolosser, Brief an die Thessalonicher.* Wuppertal: Aussaat Verlag, 1969. S. 136.

schlechtern alle Nationen in ihren eigenen Wegen gehen, obwohl er sich doch nicht unbezeugt gelassen hat, *indem er Gutes tat und euch vom Himmel Regen und fruchtbare Zeiten gab und eure Herzen mit Speise und Fröhlichkeit erfüllte.* (Apostelgeschichte 14,15-17 - Elb)

Jesus, der lebendige Gott und Schöpfer, hat – zusammen mit dem Vater und dem Heiligen Geist – den Menschen in Seiner großen Gnade durch die Natur seine Macht und Gottheit bezeugt, damit sie Gott vertrauen.[122] Das Zeugnis besteht unter anderem in der Erhaltung der Welt, nämlich dadurch dass es fruchtbare Zeiten und Ernten gibt, so dass die Herzen der Menschen mit Freude erfüllt werden. *Dies ist ein Dienst Jesu durch die ganze Menschheitsgeschichte hindurch, sowohl im Alten als auch im Neuen Testament.*

Wir haben schon gesehen, wie Jesus die Israeliten in ihrer Geschichte ständig segnete: mit der Rettung aus Ägypten, Wasser in der Wüste, der Berufung von geistlichen Leitern wie Mose und Jesaja – das alles, damit das Volk nicht nur leiblich, sondern auch geistlich versorgt wurde. Aber wichtiger als alles andere war das Opfer des Knechts Jahwes am Kreuz, das bereits im Alten Testmanet prophezeit worden war, wie beispielsweise in Psalm 22 und Jesaja 53. Ohne dieses Opfer, das aus der Sicht der Menschen im Alten Testament noch in weiter Zukunft lag und in den meisten Details unbekannt war, hätte kein einziger Mensch im Alten Testament Vergebung der Sünden empfangen können. Denn Gott ist gerecht und Sünde muss eine angemessene Strafe bekommen, damit die Gerechtigkeit Gottes zufrieden gestellt wird und damit Versöhnung stattfindet.

---

[122] Besonders im Römerbrief 1,20.

Seht, alle Seelen sind mein! Wie die Seele des Vaters mein ist, also ist auch die Seele des Sohnes mein. Die Seele, welche sündigt, soll sterben! (Hesekiel 18,4 - Sch)

Denn der Lohn der Sünde ist der Tod, die Gnadengabe Gottes aber ewiges Leben in Christus Jesus, unserem Herrn. (Römerbrief 6,23 - Elb)

Gemeint ist nicht nur der leibliche Tod, sondern der ewige Tod und somit *ewige Trennung von Gott.* Paulus beschreibt das zweite Kommen Christi und die ewige Trennung von Gott als eine Konsequenz für die Menschen, die Jesus nicht annehmen.

... wenn der Herr Jesus sich offenbaren wird vom Himmel her mit den Engeln seiner Macht in Feuerflammen, Vergeltung zu üben an denen, die Gott nicht kennen und *die nicht gehorsam sind dem Evangelium unseres Herrn Jesus.* [9] Die werden Strafe erleiden, *das ewige Verderben, vom Angesicht des Herrn* her und von seiner herrlichen Macht, ... (2. Thessalonicherbrief 1,7b-9 - Elb)

Und alles Unreine wird *nicht* in sie hineinkommen, noch *derjenige,* der Greuel und Lüge tut, sondern nur die, welche geschrieben sind im Buch des Lebens des Lammes. (Offenbarung 21,27 – Elb)

Zur Zeit des Alten Testaments gab es keinen einzigen Menschen, der nicht sündigte. Alle haben den Tod verdient. Aber die Menschen konnten Vergebung erhalten, obwohl eine angemessene Strafe noch nicht bezahlt war. Tiere wurden geopfert als Hinweis auf das zukünftige und endgültige Opfer Christi, doch das Blut der Tiere konnte die Sünde nie wegnehmen. [123] Das einzige Opfer, das angemessen und ausreichend war, war das Opfer Christi am Kreuz, und dieses Opfer lag noch in der Zukunft.

Gott war zufrieden mit dem Opfer Christi, auch in Bezug auf die Menschen im Alten Testament. Die Menschen durften zur Zeit des Alten Testaments Vergebung empfangen, weil Gott geduldig war – weil Gott wusste, dass Jesus für die Sünden für alle Menschen in der Zukunft sterben würde. Die folgende Stelle wurde schon in Verbindung mit der Einheit der Bibel zitiert, aber sie ist auch eine zentrale Stelle für die Rechtfertigung der Vergebung der Menschen im Alten Testament durch das noch zukünftige Opfer Christi am Kreuz:

Ich rede aber von der Gerechtigkeit vor Gott, die da kommt durch den Glauben an Jesus Christus zu allen, die glauben. Denn es ist hier kein Unterschied: sie sind allesamt Sünder und ermangeln des Ruhmes, den sie bei Gott haben sollten, und werden ohne Verdienst gerecht aus seiner Gnade durch die Erlösung, die durch Christus Jesus geschehen ist. Den hat Gott für den Glauben hingestellt als Sühne in seinem Blut zum Erweis seiner Gerechtigkeit, **indem er die Sünden vergibt, die früher begangen wurden in der Zeit seiner Geduld,** um nun in dieser Zeit **seine Gerechtigkeit zu erweisen,** dass er selbst gerecht ist und gerecht macht den, der da ist aus dem Glauben an Jesus. (Römerbrief 3,22-26 – Lut)

Als Christus für die Sünden der Menschen des Alten Testaments starb, wurden die Münder der Kritiker gestopft, die meinten, Gott hätte den Menschen im Alten Testament vergeben, ohne ihre Sünden angemessen zu bestrafen. Hier sehen wir jedoch, dass kein einziger Mensch im Alten Testament

---

[123] Hebräerbrief 10,4.

hätte gerettet werden können, wenn Jesus nicht am Kreuz für sie gestorben wäre.

So gilt der Tod Jesu am Kreuz auch jedem einzelnen Menschen im Alten Testament, der Gott von Herzen vertraute, auch wenn der Mensch nicht alles über den Messias wusste, da es erst im Neuen Testament offenbart werden sollte. Dies gilt beispielsweise für Abraham:

Abram glaubte dem HERRN, und das rechnete er ihm zur Gerechtigkeit. (1. Mose 15,6 – Lut)[124]

Diese Tatsache sollten wir in unserer Verkündigung immer wieder erwähnen, damit unsere Zuhörer nicht denken, dass die Gläubigen im Alten Testament durch ihre Werke, ihre Tieropfer oder ihren Gehorsam gerettet wurden. Nein, sie wurden allein durch das Opfer Christi gerettet, als sie an Gott, wie er ihnen im Alten Testament offenbart worden war, glaubten.

---

[124] Siehe auch Römerbrief 4,1-5. Abraham wurde durch die Gnade Gottes gerettet, die er durch Glauben (nicht durch Werke) empfing.

VI. Wir erkennen und predigen die Prophetien über Jesus Christus im Alten Testament.

Einige wichtige Prinzipien der Prophetie im Alten Testament für die Predigt über Christus

Gott gab im Alten Testament viele Prophetien über Christus und alle waren vollkommen zuverlässig. Weil die falschen Götter nicht in der Lage waren, echte Prophetien zu geben, spottete Gott über sie und ihre Propheten.

Bringt eure Sache vor, spricht der HERR; sagt an, womit ihr euch verteidigen wollt, spricht der König in Jakob. Sie sollen herzutreten und uns verkündigen, was kommen wird. Verkündigt es doch, was früher geweissagt wurde, damit wir darauf achten! Oder lasst uns hören, was kommen wird, damit wir merken, dass es eintrifft! Verkündigt uns, was hernach kommen wird, damit wir erkennen, dass ihr Götter seid! Wohlan, tut Gutes oder tut Schaden, damit wir uns verwundern und erschrecken! Siehe, ihr seid nichts, und euer Tun ist auch nichts, und euch erwählen ist ein Greuel. (Jesaja 41,21-24 - Lut)

Propheten im Alten Testament mussten geprüft werden, ob sie wahrhaftig und ihre Prophetien zuverlässig waren. Unter anderem mussten Prophetien von Propheten genau eintreffen. Die Glaubwürdigkeit von Prophetien bezüglich der fernen Zukunft wurde anhand der Zuverlässigkeit kurzfristiger Prophetien bewertet. Bei den echten Propheten wurden einige Prophetien innerhalb von Tagen oder sogar nur Stunden erfüllt, um die Echtheit des Propheten zu bestätigen. Andere Prophetien wurden erst nach einigen Jahren erfüllt oder sogar erst nach Jahrhunderten. Aber alle mussten genau eintreffen.

Micha prophezeite, dass König Ahab im Kampf gegen die Syrer sterben würde[125] und fügte hinzu:

Kommst du mit Frieden wieder, so hat der HERR nicht durch mich geredet. Und er sprach: Höret, alle Völker! (1. Könige 22,28 - Lut)

Ahab starb im Kampf, genau wie es Micha prophezeit hatte; ein syrischer Soldat schoss mit seinem Bogen aufs Geratewohl und traf dabei den König zwischen den Tragbändern und dem Panzer der Rüstung.[126] Die Erfüllung der Prophetie bestätigte Micha als echten Propheten.

Jeremia erhielt vom HERRN den Befehl, ein Joch auf seinem Nacken zu tragen, um die Prophetie zu veranschaulichen, dass sich Juda und die umliegenden Länder den Babyloniern beugen sollten, damit sie nicht durch diese vertilgt werden.[127] Der falsche Prophet Hananja widersprach der Prophetie von Jeremia; er prophezeite eine Befreiung von der Herrschaft der Babylonier und zerbrach das Joch.[128] Dann gab der HERR Jeremia die Botschaft, dass Hananja innerhalb eines Jahres sterben würde, weil er Lügen als Prophetien ausgab. „Und er Prophet Hananja starb im selben Jahr im siebenten Monat."[129]

---

[125] 1. Könige 22,17.

[126] 1. Könige 22,34-35.

[127] Jeremia 27,1-13.

[128] Jeremia 28,1-11.

[129] Jeremia 25,15-17.

Andere Prophetien wurden nicht kurzfristig erfüllt. Jeremia prophezeite im Namen des HERRN, dass die Herrschaft der Babylonier im Nahen Osten und über Israel 70 Jahre andauern würde. Babylonien herrschte tatsächlich 70 Jahre, zwischen 609 v. Chr. und 539 v. Chr. [130] Davor prophezeite Jesaja im Namen des HERRN, dass der persische Herrscher Kyrus Israel aus der Gefangenschaft in Babylons freilassen würde. [131] Diese Prophetie wurde ungefähr 150 Jahre vorher gegeben, doch es geschah genau so, wie Jesaja es prophezeit hatte!

Diese und viele andere Prophetien von Gott, die durch seine Propheten verkündigt worden waren, wurden schon zur Zeit des Alten Testaments erfüllt und geben Zeugnis davon, dass die Prophetien, die die weitere Zukunft betreffen, auch zuverlässig sind.

Prophetien über das erst und das zweite Kommen Christi

Gott hat in den Schriften des Alten Testament durch seine Propheten hunderte von Prophetien über das erste und das zweite Kommen Christi gegeben.[132] Die Erfüllung dieser Prophetien sind Beweise dafür, (1) dass tatsächlich der wahre Gott – der der einzige ist, der echte Prophetien geben kann – diese Prophetien gegeben hat, und (2) dass Jesus, der die Prophetien erfüllt, der wahre, prophezeite Messias ist.

---

[130] Jeremia 25,11-12; 29,10; 2. Chron. 36,22-23; Babylonien herrschte vom endgültigen Sieg über die Assyrer 609 v. Chr. bis zu seiner Niederlage gegen die Perser 539 v. Chr.

[131] Jesaja 41,2-4; 44,28; 45,1. Jesaja ca. 739-686 v. Chr.; Rettung durch Kyrus 539 v. Chr.

[132] Vgl. beispielsweise folgende Website: http://www.amatteroftruth.com/-365-prophecies-of-jesus

Wir müssen allerdings zwischen den Prophetien bezüglich des ersten Kommens Christi und den Prophetien bezüglich des zweiten Kommens Christi differenzieren. Die Prophetien des ersten Kommens Christi, beziehen sich auf Jesus, der in Demut und Niedrigkeit auf die Erde kam, nicht um Menschen zu richten, sondern um Menschen zu retten, und zwar dadurch, dass er für die Sünden aller Menschen starb. Diese Prophetien sind bereits erfüllt worden, wir lesen davon im Neuen Testament. Die Prophetien bezüglich des zweiten Kommens Christ, bei dem er siegreich in Macht und Herrlichkeit kommen wird, um als König aller Könige und Herr aller Herren zu herrschen, werden in der Zukunft erfüllt werden.

Wir können und sollen erwarten, dass sich genauso, wie die Prophetien des ersten Kommens Christi wörtlich erfüllt wurden, auch die Prophetien des zweiten Kommens Christi wörtlich erfüllen werden.

Die erste Prophetie über Jesus im Alten Testament

Es wird oft gesagt, dass das erste Gebot unter den zehn Geboten der Vorreiter ist und dass alle anderen Gebote dem Vorreiter nachfolgen. Gott sagt: „Du sollst keine anderen Götter haben neben mir".[133] Jesus erklärt die genauere Bedeutung dieses Gebots: „und du sollst den Herrn, deinen Gott, lieben von ganzem Herzen, von ganzer Seele, von ganzem Gemüt und von allen deinen Kräften".[134]

In ähnlicher Weise ist die erste Prophetie über Jesus im Alten Testament ein Vorreiter. Nachdem Gott in 1. Mose 1-2

---

[133] 2. Mose 20,3 – Lut.

[134] Markusevangelium 12,30 – Lut.

alles erschaffen hatte,[135] fielen die Menschheit durch die Verführung des Teufels in Sünde. Doch die Gnade Gottes für die Rettung der gläubigen Menschen wird gleich im nächsten Kapitel durch die Voraussage des Sieges der Nachkommenschaft der Frau über die Schlange prophetisch angekündigt.

In 1. Mose 3,15 findet sich also die erste Prophetie in der Bibel über Jesus. In einer bildlichen Prophetie wird der absolute und endgültige Sieg Christi über die Mächte der Finsternis beschrieben. Gott redet zu der Schlange, dem Satan:

Und ich werde Feindschaft setzen zwischen dir und der Frau, zwischen deinem Samen und ihrem Samen; er wird dir den Kopf zermalmen, und du, du wirst ihm die Ferse zermalmen. (1. Mose 3,15 – Elb)

In der Offenbarung von Johannes wird die alte, verführerische Schlange als der Teufel und Satan identifiziert.[136] Die Schlange wird die Ferse des Nachkommens der Frau zermalmen, aber der Nachkomme der Frau wird den Kopf der Schlange zermalmen.

Die Erfüllung im Neuen Testament ist offensichtlich. Satan motivierte gottlose Menschen, Jesus zu kreuzigen, aber weil Jesus vom Tode auferstanden ist, war dieser Angriff nur mit dem Zermalmen einer Ferse zu vergleichen. Die Erfüllung der Prophetie des Zermalmens des Kopfes der Schlange wird im Neuen Testament progressiv erklärt:

(a) Satan (in Form der Schlange) wurde schon durch das Kommen Jesu in die Welt gerichtet (Johannes 16,11)

---

[135] D.h. Gott der Vater (1.Mose 1,1), Gott der Sohn (1.Johannes 1,1-3.14) und Gott der Heilige Geist (1. Mose 1,2).

[136] Offenbarung 12,9; 20,2.

(b) Satan wird immer wieder in Ortsgemeinden besiegt und geistlich mit Füßen getreten (Römerbrief 16,20),

(c) Satan wird am Ende der Zeit endgültig seine ewige Strafe empfangen (Offenbarung 20,10)

Viele einzelne Prophetien könnten hier aufgeführt werden, wie beispielsweise die Ankündigung der Geburt Jesu in Bethlehem:

Und du, Bethlehem Efrata, die du klein bist unter den Städten in Juda, aus dir soll mir der kommen, der in Israel Herr sei, dessen Ausgang von Anfang und von Ewigkeit her gewesen ist. (Micha 5,1 – Lut)

Noch viele Bände könnten über die Hunderte von Prophetien im Alten Testament über Jesus geschrieben werden. Wir begrenzen uns aber auf die Behandlung von einigen sehr wichtigen Stellen im Alten Testament, in denen viele Prophetien über Jesus zusammenkommen.

Die vollständigste Beschreibung der Passion Jesu im Alten Testament findet sich in Jesaja 52,13 - 53,12

Die wichtigste prophetische Beschreibung der Passion Christi finden wir in den 15 Versen des Lieder über den Knecht in Jesaja 52,13 – 53,12.[137] Diese kurze Behandlung muss sich auf einen Überblick dieses Liedes beschränken. Der Leser kann anhand dieses prophetischen Wortes im Alten Testament die Wichtigkeit der Passion des leidenden Messias mit Anbetung würdigen.

---

[137] Es gibt drei weitere Knechtslieder in Jesaja, die alle prophetisch sind: Jesaja 42,1-9; 49,1-13 und 50,4-11. Henri Blocher. *Songs of the Servant-Isaiah's Good News.* London: Inter-Varsity Press , 1976.

A. Die Erniedrigung und Erhöhung des Messias im Überblick - 52,13-15

52,13 Seine Erhöhung
Er wird mit Weisheit handeln. Er wird gepriesen und erhöht werden.

52,14 Seine Erniedrigung
Sein Aussehen und seine Gestalt wurden bei seinem Leiden entstellt, als er von den Menschen gefoltert und gekreuzigt wurde.

52,15 Die Verkündigung und Wirksamkeit Seines Blutes
Erlösung durch die Verkündigung und Wirksamkeit Seines Blutes wird auch heidnische Völker erreichen.

B. Die Verachtung und Verwerfung des Messias - 53, 1-3

53,1 Offenbarung der Macht des HERRN
Die Kreuzigung und Erhöhung Jesu wird die Macht des HERRN wie nie zuvor offenbaren.

53,2 Sein wenig beeindruckendes Aussehen
Das normale Aussehen von Jesus war nicht beeindruckend. Er sah wie ein durchschnittlicher Mann aus, weder besonders schön noch kraftvoll.

53,3 Seine Verachtung
Er wurde abgelehnt, verachtet und verlassen. Sogar die Apostel haben Ihn bei seiner Gefangennahme verlassen; die jüdischen Führer haben Ihn verachtet und verspottet.

C. Das stellvertretende Leiden des Messias - 53,4-6

53,4 Er wurde missverstanden

In 5. Mose 21,23 heißt es: „denn ein Aufgehängter ist verflucht bei Gott." [138] Jesus wurde von Gott geschlagen, weil er unsere Sünden trug. Viele haben die Situation missverstanden und dachten: „Weil Er gekreuzigt wurde, muss Er ein großer Sünder gewesen sein."

53,5 Er wurde zerschlagen

Die Ursache und das Ziel des Leidens Christi. Die Ursache: wegen unserer Missetaten. Das Ziel: damit wir geheilt werden und damit wir Frieden erlangen können. Deshalb wurde Er für uns zerschlagen.

53,6 Er wurde mit unseren Sünden beladen

Dieser Vers ist eine Zusammenfassung der Verse 4-5. Der allumfassende Einfluss der Sünde unter den Menschen wird dreimal unterstrichen – „alle", „ein jeder" und „unser aller Sünde". Dieser Vers weist auch auf die Natur der Sünde hin: wir gehen unseren eigenen Weg statt den Weg Gottes.

D. Der vollkommene Charakter des Messias - 53,7-9

53,7 Seine Selbstkontrolle

Er hat weder wie ein Wahnsinniger getobt, noch wie Sosthenes versucht, Seine Feinde zu überreden, Ihn nicht zu kreuzigen. Er hat weder über Seine hohe Stellung als Gott noch über die Ungerechtigkeit Seiner Behandlung geredet. Er war ruhig und widerstandsfrei und litt willig wie ein Lamm, weil Er für diesen Zweck auf die Welt gekommen war.

---

[138] Zitiert in Galaterbrief 3,13.

53,8 Seine Selbstlosigkeit

In dem jüdischen *Soncino* Kommentar heißt es: „Der Knecht ist das ideale Israel oder der treue Rest. Dass er keine einzelne Person ist, ist die Meinung aller jüdischen und der meisten modernen nichtjüdischen Kommentatoren."[139]

Aber die Bibel berichtet, dass Israel wegen seiner eigenen Sünden bestraft werden musste (Jesaja 40,2); es konnte deshalb nicht die Sünden anderer auf sich nehmen. Auch der Rest war nicht frei von Sünde. Hier wird das stellvertretende Leiden Jesu dargestellt.

53,9 Seine Sündlosigkeit

In Vers neun wird seine Sündlosigkeit beschrieben. Das traf zu keinem Zeitpunkt auf einen jüdischen Rest zu. Niemand in Israel außer Jesus war sündenlos. David sicherlich nicht. Und auch Joseph oder Daniel nicht. Dieser Vers passt ausschließlich zu Jesus.

Vielleicht dachten die Römern vorher, dass Jesus zusammen mit den zwei Verbrechern, mit denen Er gekreuzigt wurde, in einem gemeinsamen Grab bestattet werden sollte. Aber es erfüllte sich die Prophetie aus dem Alten Testament: Jesus wurde in das Grab eines Reichen gelegt, nachdem Joseph von Arimathea die Römer um den Leichnam Jesu gebeten hatte (Matt. 27,60; Lukas 23,53).

E. Der endgültige Sieg des Messias - 53,10-12

53,10 Er wird erfolgreich sein

Sein Leben war ein Schuldopfer für uns. Bei einem Schuldopfer wurden für gestohlenes Gut 120% zurückge-

---

[139] I. W. Slotki, *The Soncino Books of the Bible. Isaiah.* London: The Soncino Press, 1949 PS. 260.

geben. Jesus hat 120% für uns bezahlt. Er hat nicht nur für unsere Sünden bezahlt, sondern auch für die üblen Folgen und Auswirkungen unserer Sünden. Die Auswirkungen des Leidens Jesu werden folgendermaßen beschrieben:

(1) Geistliche Kinder (Nachkommen). Wir dürfen Gottes Kinder werden, weil Jesus für uns gestorben ist.

(2) „langes Leben" - Dies ist ein Hinweis auf die Auferstehung und das ewige Leben.

(3) Der Plan des HERRN wird durch seine Hand gelingen. Jesus wollte immer den Willen des Vaters tun -- und Er hat dieses Ziel auch erreicht.

53,11 Er wird Gerechtigkeit schaffen
Gott der Vater spricht in den Versen 11-12. Die geistlichen Folgen des Leidens Jesu werden hier fortgesetzt.

(4) Der Vater wird mit dem geistlichen Dienst Jesu zufrieden sein.

(5) Jesus wird Gerechtigkeit für viele (d. h. für diejenigen, die an ihn glauben) schaffen.

53,12 Er wird siegreich sein
(6) Jesus wird einen endgültigen Sieg über die Feinde erringen.

(7) Er wird auch die Beute mit den vielen teilen, für die Er (in Vers 11) Gerechtigkeit erwirkt hat.

Am Kreuz wurde Er zu den Übeltätern gerechnet und hat sogar für diejenigen gebetet, die Ihn gekreuzigt hatten.

(„Vater, vergib ihnen; denn sie wissen nicht, was sie tun!"
- Lukas 23,34).

Wusste Jesus, dass diese Stelle über Ihn geschrieben wurde? Ja! Kurz bevor Jesus mit Seinen Jüngern zum Garten Gethsemane ging, sagte Er:

„Denn ich sage euch: Es muss auch das noch vollendet werden an mir, was geschrieben steht: 'Er ist unter die Übeltäter gerechnet.' Denn was von mir geschrieben ist, wird auch vollendet." (Lukas 22,37)

Zusammenfassung:

Das Gottesknecht-Lied in Jesaja 52,13-53,12 ist nicht nur für den Unterrichtsraum geeignet, sondern auch für die Gebets- und Anbetungskammer. Wir sehen die Haltung Jesu, als er für uns die Verachtung der Menschen auf sich nahm. Wir sehen sogar sein körperliches und seelisches Leiden bis zur Entstellung und Verzerrung seines Gesichts und seiner Gestalt am Kreuz.

Wir sehen, dass Er unsere Sünden auf sich nahm, weil wir egozentrisch unseren eigenen Weg gehen. Jesus litt bereitwillig, wie ein Lamm. Er litt ungerechte Verachtung und Folterung. Aber Er hat Sein Ziel erreicht. Er tat erfüllte den souveränen Willen Gottes. Er war erfolgreich und teilt die Beute seines Sieges mit uns. Lasst uns diese Stelle mit in unsere Gebetskammer nehmen und Ihm von ganzem Herzen unsere Danksagung und Anbetung bringen.

In Sacharja 9-14, in Jesaja und in den Psalmen finden sich besonders viele Prophetien über Jesus.

Prophezeiungen über Jesus in Sacharja 9-14

1. Das erste Kommen Christi

    a. Sein Einzug in Jerusalem - Sacharja 9,9
    b. Sein Verrat und Verkauf durch Judas
       - Sacharja 11,12-13
    c. Seine Kreuzigung und Auferstehung
       - Sacharja 12,10
    d. Die vorläufige Zerstreuung der Apostel
       - Sacharja 13,7

2. Das zweite Kommen Christi

    a. Eine geistliche Erweckung in Israel durch Jesus
       - Sacharja 12,10-12
    b. Die Reinigung Israels durch Jesus, die Quelle gegen
       Sünde - Sacharja 13,1-2
    c. Die Wiederkunft Christi - Sacharja 14,3-5
    d. Seine friedvolle, weltweite Herrschaft
       - Sacharja 9,10b und 14,9
    e. Die Nationen werden den HERRN (Jahwe) anbeten
       - Sacharja 14,16

Prophetien über Jesus in der Prophetie von Jesaja

John Martin hat die folgende Liste von messianischen Prophetien in Jesaja aufgestellt:[140]

---

[140] John Martin. *„Jesaja"*, *Das Alte Testament – Erklärt und Ausgelegt*. John Walvoord und Roy Zuck, Herausgeber. Stuttgart: Hänssler, 1991. Band 3, S. 31.

1. Der Messias wird vor seiner Geburt Gottes Knecht genannt (49,3).
2. Er wird von einer Jungfrau geboren (7,14).
3. Er wird ein Nachkomme Isais sein und der davidischen Linie entstammen (11,1.10).
4. Er wird mit der Kraft des Heiligen Geistes ausgerüstet sein (11,2; 42,1).
5. Er wird den Schwachen gegenüber gütig sein (42,3).
6. Er wird dem Herrn in seiner Sendung gehorsam sein (50,4-9).
7. Er wird sich freiwillig in das Leiden fügen (50,6; 53,7-8).
8. Er wird von Israel abgelehnt werden (49,7; 53,1.3).
9. Er selbst wird die Sünden der Welt auf sich nehmen (53,4-6.10-12).
10. Er wird über den Tod triumphieren (53,10).
11. Er wird erhöht werden (53,13; 53,12).
12. Er wird kommen, um Israel zu trösten und um den Zorn Gottes über die Bösen zu bringen (61,1-3).
13. Er wird Gottes Herrlichkeit offenbaren (49,3).
14. Er wird Israel geistlich zu Gott (49,5) und leiblich in das Land (49,8) zurückführen.
15. Er wird auf Davids Thron regieren (9,6).
16. Er wird Israel Freude bringen (9,2).
17. Er wird mit Israel einen neuen Bund schließen (42,6; 49,8-9).
18. Er wird ein Licht für die Heiden sein (42,6; 49,6).
19. Er wird die Völker wieder aufrichten (11,10).
20. Er wird von den Heiden angebetet werden (49,7; 52,15).
21. Er wird die ganze Welt regieren (9,6).
22. Er wird in Recht, Gerechtigkeit und Treue richten (11,3-5; 42,1.4).

Prophetien über Jesus in den Psalmen

Charles Feinberg hat für Vorlesungen am Dallas Theological Seminary die folgenden wichtigen Stellen über Jesus aus dem Psalter zusammengestellt.[141]

Stelle in den Psalmen	Stelle im Neuen Testament	Aussage oder Prophetie über Christus
40,7-9	Heb. 10,5-9	Ziel seines Kommens und sein Gehorsam
2,7	Heb. 1,5; 5,5; Apg. 13,33	Seine Sohnschaft
45,7-8	Heb. 1,8-9	Seine Gottheit und seine Menschheit
45,8	Heb. 1,9	Seine Heiligkeit
102,26-28	Heb. 1,10-12	Seine schöpferische Tätigkeit, Seine Unwandel-barkeit und Ewigkeit
89,4-5.30.37	Apg. 2,30; Matt. 1,1;	Seine menschliche Abstammung Vgl. 2. Sam. 7,16
22,23	Heb. 2,12	Sein Zeugnis für Gott
69,10	Joh. 2,17	Sein Eifer um Gottes Haus
8,3	Matt. 21,16	Sein jauchzender Beifall von Kindern
2,1-2	Apg. 4,25-26	Seine Ablehnung von Königen und Fürsten

---

[141] Einige Stellen wurden durch Jim Anderson hinzugefügt.

Stelle in den Psalmen	Stelle im Neuen Testament	Aussage oder Prophetie über Christus
41,10	Joh. 13,18; Apg. 1,16	Sein Verrat durch seinen „Freund"
22,2	Matt. 22,46	Sein Schrei zu Gott
22,19	Joh. 19,24; Matt. 27,35	Seine Kleider geteilt; das Würfeln um sein Gewand
22,16	Joh. 19,28	Sein Durst
22,15	(Seine Kreuzigung - in den Evangelien beschrieben)	Seine Knochen verrenkt
22,7-8; 69,10	Röm. 15,3	Seine Verachtung
69,22	Matt. 27,34.48;	Ihm wurden Galle und Essig angeboten
34,21	Joh. 19,36;	Seine Knochen wurden nicht Gebrochen vgl. 2 Mos. 12,46
16,10	Apg. 2,27	Seine Auferstehung
68,19	Eph. 4,8-10	Seine Himmelfahrt
110,1	Apg. 2,34-36	Seine Erhöhung zur Rechten Gottes
Ps. 96-99	Apg. 17,31; 2. Thess. 1,7-9	Seine Wiederkunft, um Gericht zu halten
50,3-6	2. Thess. 1,6-12	Seine Wiederkunft und die Versammlung seiner Heiligen
118,22-26	Matt. 21,9.42; 23,39	Sein fröhlicher Empfang

Stelle in den Psalmen	Stelle im Neuen Testament	Aussage oder Prophetie über Christus
110,5-6	2. Thess.1,7-10; Offb. 19,11-21 Offb. 12,5; 19,15	Seine allumfassende Herrschaft
110,1	1. Kor. 15,25; Heb. 1,13	Seine Herrschaft über seine Feinde
72,11	Phil. 2,9-11; Kol. 1,19-20 Kol. 2,15; Offb. 12,5	Seine Erhöhung über irdische Herrscher
45,7	Heb. 1,8	Sein ewiges Königreich
110,1.4	Apg. 2,34-36; Heb. 5,6; 7,17.21	Sein ewiges König-Priestertum

Ein Vorschlag

Durch alttestamentliche Zitate im Neuen Testament kann der Prediger die alttestamentlichen Prophetien über Jesus identifizieren. Davon ausgehend kann er dann eine Predigt zu dem Text aus dem Alten Testament vorbereiten und halten. Die Predigt sollte unter Verwendung der üblichen hermeneutischen Regeln der grammatischen, historischen und kontextuellen Exegese vorbereitet werden, zugleich aber auch unter Berücksichtigung der Erfüllung dieser Prophetie im Neuen Testament in Jesus. *Diese Vorgehensweise sollte den Zuhörern helfen, die Einheit des Alten und Neuen Testaments zu verstehen, ihre Achtung des Wertes des Alten Testaments stärken und ihre Augen für die Gegenwart Jesu im Alten Testament öffnen.*

VII. Wir erkennen und predigen die Typologien für Jesus Christus im Alten Testament.

Was sind Typologien?

Typologien sind von Gott im Alten Testament vorbereitete Bilder im Hinblick auf Christus und die von Ihm erwirkte Erlösung. Es handelt sich dabei um <u>Menschen, Bewegungen, Institutionen oder Gegenstände</u>, die Eigenschaften von Christus und/oder einige Aspekte Seiner Erlösung im Voraus andeuten. Die Bilder von Christus im Alten Testament sind immer nur sehr vorläufig und unvollständig im Vergleich zur Realität der vollkommenen Erfüllung im Neuen Testament.

Einige biblisch-theologische Tatsachen bilden eine Grundlage für die Erkenntnis von Bildern, die unsere Aufmerksamkeit und Bewunderung auf den dreieinigen Gott und deshalb auch auf Jesus im Neuen Testament lenken.

(1) Das Handeln Gottes im Alten Testament stellt ein Beispiel und ein Vorbild des Handeln Gottes im Neuen Testament dar

Zuerst sollen die Leser des Alten Testaments über die Eigenschaften und Werke Gottes im Alten Testament nachdenken. Gott hat seit der Erschaffung des Menschen seine **Liebe** und **Gnade** immer wieder zum Ausdruck gebracht, verbunden mit seiner **Gerechtigkeit** und **Heiligkeit**, um die Menschen aus ihrer Verdorbenheit und Sündhaftigkeit zu retten. Es gab deshalb durch das Opfern von Tieren sowohl eine Darstellung der Strafe für die Sünde als eine Darstellung der endgültigen Errettung des Menschen durch Christus.

Die Werke der Errettung und Erlösung im Alten Testament wurden durch Bewegungen (wie die Befreiung Israels aus Ägypten) und durch Institutionen (wie die Priesterschaft) ausgeführt. Und weil die Eigenschaften Gottes unwandelbar sind, sollten die Leser des Alten Testaments nicht überrascht sein, dass Gott sein Erlösungswerk im Neuen Testament in einer Art und Weise fortsetzt, die Seinem Handeln im Alten Testament ähnelt.

Das gnädige Wirken Gottes durch die Geschichte des Alten Testaments hindurch brachte Bilder und Typen hervor, die ihren Höhepunkt und ihre Erfüllung in der Errettung durch die Liebe und Gnade Jesu im Neuen Testament erreichen. Allerdings musste die Liebe und Gnade Jesu mit Seiner Gerechtigkeit und Heiligkeit verbunden werden. Deswegen sehen wir im Neuen Testament nicht nur die Errettung durch Jesus, sondern auch die Notwendigkeit des Kreuzes als Erfüllung des Bildes der Opfer aus dem Alten Testament; es ist die endgültige und stellvertretende Bestrafung für die Sünden aller Menschen.

(2) Die Menschen sind im Ebenbild Gottes erschaffen und können Eigenschaften Christi bildlich widerspiegeln

Ein weiteres Fundament alttestamentlicher Typologie ist die Tatsache, dass Gott Menschen in Seinem Ebenbild erschaffen hat, [142] mit dem Zweck, dass Menschen intellektuelle, emotionale und den Willen betreffende Kapazitäten empfangen, anhand derer sie durch die Gnade Gottes die Möglichkeit haben, Ihn zu erkennen und die Gemeinschaft mit Ihm zu genießen. Die Menschheit ist in Adam gefallen und das Ebenbild Gottes in den Menschen ist entsetzlich ge-

---

[142] 1. Mose 1,26-27.

stört, aber es ist, nach dem Zeugnis der Schrift, nicht gänzlich zerstört.

Wenn Menschen gläubig sind und eng mit Gott leben, spiegelt sich das Ebenbild Gottes in ihnen und durch sie wider. Sie sind befähigt, den Charakter Gottes und Christus selbst in der Welt zu reflektieren. Dieses geistliche Wachstum ist auch eine göttliche Absicht und Teil des Planes Gottes mit dem Menschen, seinem Ebenbild. Das Ebenbild Gottes wird hier auf Erden nie völlig wiederhergestellt sein, so wie es vor dem Sündenfall war, auch nicht in gläubigen Menschen. Aber durch ein Leben, das von Vertrauen zu Gott und der Gemeinschaft mit Ihm charakterisiert ist, kann der gläubige Mensch Gott immer besser widerspiegeln und dadurch Aufmerksamkeit auf Gott lenken! Paulus schreibt im 2. Korintherbrief darüber:

Wir alle aber schauen mit aufgedecktem Angesicht die Herrlichkeit des Herrn an und werden so verwandelt **in dasselbe Bild** von Herrlichkeit zu Herrlichkeit, wie *es* vom Herrn, dem Geist, *geschieht*. (2. Korintherbrief 3,18 - Elb)

Christen sollen wie ein Brief sein, der nicht mit einem Stift auf Papier geschrieben ist, sondern durch ein verändertes Leben, das Christus reflektiert.

Unser Brief seid ihr, eingeschrieben in unsere Herzen, erkannt und gelesen von allen Menschen; von euch ist offenbar geworden, dass ihr **ein Brief Christi** seid, ausgefertigt von uns im Dienst, geschrieben nicht mit Tinte, **sondern mit dem Geist des lebendigen Gottes**, nicht auf steinerne Tafeln, sondern auf Tafeln, die fleischerne Herzen sind. (2. Korintherbrief 3,2-3 - Elb)

Wenn wir im Alten Testament von Menschen lesen, die Eigenschaften des dreieinigen Gottes reflektieren – wie beispielsweise Weisheit, Liebe, Mut oder Entschlossenheit, gerecht zu handeln –, sollen wir nicht lediglich diese <u>unvollkommenen</u> Menschen bewundern, sondern unsere Augen noch mehr auf Jesus lenken und Ihn verehren, weil Jesus die Quelle des geistlichen Lebens in den gläubigen Menschen ist. Die guten Eigenschaften des Menschen, sowohl im Alten Testament wie auch im Neuen Testament, die Gottes Charakter wiederspiegeln, lenken unsere Aufmerksamkeit auf Jesus, der diese Eigenschaften im Neuen Testament **vollkommen** darstellt.[143]

(3) Die Schöpfung Gottes reflektiert bildlich die Weisheit, Macht, Kreativität und Gottheit Gottes

Ein drittes Fundament der Typologie ist die Tatsache, dass Gott die Schöpfung so geschaffen hat, dass sie Seine Kraft und Gottheit reflektiert. Wenn Menschen die Wiederspiegelung der Existenz, Macht und Gottheit Gottes anhand der Schöpfung nicht erkennen, sind sie unentschuldbar.

Denn sein unsichtbares Wesen, sowohl seine ewige Kraft als auch seine Göttlichkeit, wird seit Erschaffung der Welt in dem Gemachten wahrgenommen und **geschaut**, damit sie ohne Entschuldigung seien; ...
(Römerbrief 1,20 - Elb)

---

[143] In Jesaja 50,5-7 wird die Entschlossenheit Jesu prophezeit. Es wird die Folter bei seiner Passion beschrieben, aber er machte sein Gesicht hart wie einen Kieselstein, damit er nicht vom Zweck des Kreuzes abweicht. Wenn wir eine solche Entschlossenheit bei den gläubigen Menschen im AT sehen, wie beispielsweise Davids Entschlossenheit König Saul nicht zu töten – 1. Sam. 24,4-8; 26,8-11 - (a) kommt diese Entschlossenheit von Gott als Quelle und (b) sie ist ein unvollkommenes Bild der vollkommenen Entschlossenheit Jesu.

Die Tatsache, dass die Schöpfung die Macht, Weisheit und Gottheit Gottes wiederspiegelt, wird nicht nur im Neuen Testament thematisiert, sondern auch im Alten Testament:

Die Himmel erzählen die Herrlichkeit Gottes, und das Himmelsgewölbe verkündet seiner Hände Werk. (Psalm 19,2 - Elb)

So wird in der Schrift deutlich, dass die Schöpfung den dreieinigen Gott reflektiert. Aber nicht nur die Größe und Majestät des Universums, mit all den Sternbildern und Galaxien, weisen auf Gott hin. Auch die DNA Moleküle, in ihren feinen Komplexitäten, reflektieren die Weisheit und das intelligente Design des Schöpfers und lenken unseren Blick auf Ihn − den Vater, den Sohn und den Heiligen Geist. Der aufmerksame Christ mit offenen geistlichen Augen erkennt die Wiederspiegelung der Weisheit und der Kreativität des Schöpfers überall in der Schöpfung.

Dieser Ansatz ist − wohl gemerkt − nicht allegorisch! Wir erkennen zwei Tatsachen: (1) Die Sterne, die Schmetterlinge und die DNA Moleküle sind alle an und für sich real und haben ihre eigene Bedeutung für das Leben des Menschen. (2) Wenn wir in der Schrift von solchen Elementen der Schöpfung lesen, sind sie keine Allegorien, sondern real, **spiegeln** aber auch gleichzeitig die Weisheit, Herrlichkeit, Schönheit und Kreativität des Schöpfers **wieder**. Durch den Schreiber von Psalm 19 im Alten Testament und durch Paulus im Römerbrief Kapitel 1 offenbart Gott die wichtige Sichtweise, dass uns die Schöpfung zu Gott führt. In diesem Sinne ist die Schöpfung wie ein Schild, das uns den Weg zu einem schönen Schloss zeigt:

Der Schild mag schön sein, es ist aber nicht so schön wie das Schloss selbst.

Die Schöpfung selbst ist sehr schön. Aber Jesus, auf den die Schöpfung hinweist, ist in jeder Hinsicht vollkommen. Lasst uns durch die schönen Stimmen und Bilder der Schöpfung unsere Blicke und unsere Aufmerksamkeit auf Jesus den Schöpfer des Universums lenken!

Die Bilder im Alten Testament (Menschen, Bewegungen, Institutionen und Gegenstände) sind an und für sich beachtungswert, aber im Vergleich mit der viel größeren, erhabeneren Person Jesu und seinem Werk sind sie nur ein Schatten.

A. Menschen, die Typen für Jesus sind und unsere Aufmerksamkeit auf Ihn lenken

Menschen wie Joseph, Mose und Josua (<u>alles unvollkommene Erretter</u>), die Gott im Alten Testament gebraucht hat, um sein Volk zu retten, können wir als Typus (Bild) für Jesus verstehen. Durch die Gemeinsamkeiten ihrer Rettung und der Rettung durch Jesus wird unsere Aufmerksamkeit auf Jesus und seine größere Rettung gelenkt.

Wenn einige Menschen im Alten Testament das Ebenbild Gottes in besonderer Weise wiederspiegeln, indem sie Gottes Volk retteten, lenken sie die Aufmerksamkeit der Leser auf Jesus, <u>der das vollkommene „Ebenbild des unsichtbaren Gottes"</u> ist (Kol. 1,15). Er spiegelt das Wesen Gottes vollkommen wieder und hat eine ewige, vollkommene Errettung bewirkt.

Es stellt sich die Frage: Wie reflektieren einige besondere Menschen im Alten Testament Merkmale von Christus? Haben sie starkes Vertrauen zu Gott gezeigt, als sie Gottes Volk retteten? Haben sie Mut, Ausdauer, Geduld oder moralisch positive Merkmale bei der Rettung gezeigt? Haben sie in der Kraft Gottes Leiden ertragen, als sie Feinde besiegt haben? Durch solche Qualitäten und Dienste zeigen sie trotz ihrer Unvollkommenheit Eigenschaften, die in Christus vollkommen sind; sie lenken unsere Aufmerksamkeit auf Jesus.

Boas als verwandter Löser im Buch Ruth, als Goel [גֹּאֵל]

Die grundlegende Bedeutung des Konzeptes „Goel" [גֹּאֵל] besteht darin, dass es die Pflicht des Verwandten ist, seinen

Verwandten aus einer Schwierigkeit oder Gefahr zu erretten oder zu erlösen.[144]

Der verwandte Löser musste drei Qualifikationen aufweisen:

(1) Er musste fähig sein, zu lösen und zu retten. Er musste beispielsweise reich genug sein, um das Landstück des armgewordenen Verwandten zu bezahlen.

(2) Er musste verwandt sein.

(3) Er musste bereit sein, zu lösen und zu retten.

Boas war fähig, verwandt und bereit, als verwandter Löser die Familie von Elimelech zu lösen und zu erretten. Wenn wir im Alten Testament von Boas lesen, lenkt er unsere Aufmerksamkeit auf Jesus! **Jesus ist die endgültige Erfüllung dieses Bild,** weil Er **vollkommen fähig (sündenfrei), verwandt (Mensch geworden)** und **bereit war, Sich zu opfern,** um alle Menschen, die Ihm vertrauen, zu erretten! In diesem Sinne ist Boas ein Bild (Typus) für Jesus und reflektiert (unvollkommen) einige vollkommene Merkmale von Jesus.

David und sein Kampf gegen Goliath

Stellen Sie sich einmal vor, dass Paulus über David und Goliath predigt. Hätte Paulus aus diesem Text über Christus predigen können? Ja! David hat Gott vertraut, als er den Sieg über den erfahrenen Kämpfer und Riesen Goliath erlang. Wegen Ähnlichkeiten zwischen der Errettung bei David und der Errettung bei Jesus, **lenkt die Erzählung über David die Aufmerksamkeit des Lesers auf Jesus, der die größere Errettung gewonnen hat – gegen den Feind, der stärker ist als Goliath.** Nachdem der Prediger den Text in 2.

---

[144] R. Laird Harrison, *Theological Wordbook of the Old Testament*, Bd. I, 144.

Samuel 17 im historischen und kulturellen Kontext der damaligen Errettung durch David sauber ausgelegt hat, kann er über die ewige Errettung durch Jesus predigen und erläutern, wie auch die Zuhörer durch Vertrauen zu Jesus diese ewige Errettung empfangen können.

B. Bewegungen, die Typen der Errettung durch Jesus bildhaft darstellen

Hierbei handelt es sich um Bilder oder Schatten der Errettung Israels, die Ähnlichkeiten mit der Rettung in Jesus haben. Solche Errettungen fanden manchmal durch einzelne Menschen statt, wie beispielsweise durch die Richter oder durch David (s.o.). Aber die Errettung durch Jesus ist viel größer, sogar größer als die Errettung Israels aus Ägypten durch Mose, größer als die Rettung vor Unterdrückern in der Zeit der Richter und größer als die Errettung Israels aus der Verbannung in Babylon durch den persischen Herrscher Kyrus.

Die Errettung Israels aus Ägypten wird zum Typus für Jesus, der entsprechend dem Willen des Vaters aus Ägypten gerufen wurde, um die Errettung der ganzen Welt zu bringen

Zur Zeit Hoseas (ca. 760 – 710 v. Chr.) war das Nordreich Israels vom Herrn abgefallen und wurde durch die Assyrer (722 v. Chr.) erobert; die Bewohner wurden deportiert. Aufgrund der Liebe und Hilfe Gottes, hätte Israel im Gegenzug Gott auch lieben und dienen sollen, statt gegen Ihn zu rebellieren und von Ihm abzufallen. Hosea schreibt traurig und die Gnade Gottes Israel gegenüber reflektierend:

Als Israel jung war, gewann ich es lieb, und <u>aus Ägypten habe ich meinen Sohn gerufen.</u>" (Hosea 11,1 - Elb)

Überraschenderweise zitiert Matthäus diese Stelle in Bezug auf die Rückkehr von Maria und Josef mit Jesus aus Ägypten.

Und Er war dort bis zum Tod des Herodes, damit erfüllt würde, was von dem Herrn geredet ist durch den Propheten, der spricht: „Aus Ägypten habe ich meinen Sohn gerufen." (Matthäus 2,15 - Elb)

Maria und Josef sind mit Jesus nach Ägypten geflohen, als ein Engel sie vor der Gefahr durch Herodes den Großen warnte, da Herodes den neugeborenen König der Juden, Jesus, töten wollte (Matthäus 2,13-14). Und so ließ Herodes alle Kinder in Bethlehem und Umgebung im Alter von zwei Jahren und darunter umbringen (Matthäus 2,16).

Was hat aber haben die Ausführungen von Hosea über die Errettung Israels aus Ägypten im Jahre 1445 v. Chr. mit der Rückkehr Jesu aus Ägypten ca. 3 v. Chr. zu tun? Es ist offensichtlich, dass Gott eine Verbindung der Rettung Israels aus Ägypten mit der Rückkehr Jesu aus Ägypten vorgesehen hat und dass Matthäus – vom Heiligen Geist befähigt – diesen Plan Gottes beschreibt.

Diese zwei historischen Ereignisse zeigen Merkmale, die für Typologien charakteristisch sind. Es gibt Ähnlichkeiten, aber auch Unterschiede: **<u>Israel</u> wurde durch Gott aus Ägypten errettet, aber Jesus kam als ein Teil des Plans Gottes aus Ägypten, um <u>die ganze Welt</u> zu erretten.** Der Heilige Geist wusste schon zu dem Zeitpunkt, als Hosea seine Prophetie aufschrieb, dass auch Jesus aus Ägypten kommen würde. Er gab Matthäus die Einsicht zu verstehen, dass die Errettung Israels aus Ägypten als Typus für die Rückkehr Jesu aus Ägypten verwendet werden sollte.

Ein Typus verbunden mit einer Prophetie – Errettung aus Babylon als Bild der Rettung durch Jesus

Jesaja (ca. 739-686 v. Chr.) prophezeite die Errettung Israels aus der Verbannung in Babylon, die etwa 150 Jahre später im Jahre 539 v. Chr. erfolgte. 40,1-5:

Tröstet, tröstet mein Volk! spricht euer Gott. Redet zum Herzen Jerusalems, und ruft ihm zu, dass sein Frondienst vollendet, <u>dass seine Schuld abgetragen ist!</u> Denn es hat von der Hand des HERRN das Doppelte empfangen <u>für all seine Sünden.</u> Eine Stimme ruft: **In der Wüste bahnt den Weg des HERRN!** Ebnet in der Steppe eine Straße für unseren Gott! Jedes Tal soll erhöht und jeder Berg und Hügel erniedrigt werden! Und das Höckerige soll zur Ebene werden und das Hügelige zur Talebene! Und die Herrlichkeit des HERRN wird sich offenbaren, und alles Fleisch miteinander wird es sehen. Denn der Mund des HERRN hat geredet." (Jesaja 40,1-5 - Elb)

Jesaja schrieb diese Prophetie, die ankündigt, dass Israel in sein Land zurückkehren darf, nachdem es die Strafe für seine Sünden durch die Verbannung in Babylonien abbezahlt hat. Die Prophetie wird bildlich mit einem vorbereiteten Weg durch die Wüste verglichen. Der persische Herrscher Kyrus erließ ein Dekret, das Israel erlaubte, in sein Land zurückzukehren und den Tempel wieder aufzubauen.[145]
Die Rückkehr Israels in sein Land auf einem gebahnten Weg ist ein prophetisches Bild der Vorbereitung für Jesus

---

[145] 2. Chronik 26,22-23; Esra1,1-4.

durch Johannes den Täufer. Markus 1,3 zitiert Jesaja 40,3 und Lukas 3,4-6 zitiert Jesaja 40,3-5, um zu beschreiben, wie Johannes der Täufer einen geraden Weg für Jesus vorbereitet hat, damit alles Fleisch das Heil Gottes sehen kann.

C. Institutionen, die die Rettung durch Jesus oder bestimmte Dienste von Jesus bildlich darstellen

Die religiösen Institutionen der Stiftshütte und des Tempels, zusammen mit der Priesterschaft und dem Opfersystem, stellen verschiedene Typen dar, die die Errettung durch Jesus andeuten.

Das Passahlamm

Das Passahlamm wurde beim Exodus aus Ägypten für die Rettung des ältesten Sohnes der Familie geopfert (2. Mose 12,1-14). Jesus wurde sowohl von Johannes dem Täufer als auch von dem Apostel Johannes in der Offenbarung als Lamm Gottes bezeichnet.

Am folgenden Tag sieht er Jesus zu sich kommen und spricht: Siehe, das Lamm Gottes, das die Sünde der Welt wegnimmt!" (Johannes 1,29 - Elb)[146]

Wie das Leben des ältesten Sohnes der Familie in Ägypten durch das Opfer des Passahlammes errettet wurde, indem das Blut des Lammes an die beiden Türpfosten und die Oberschwelle gestrichen wurde, können alle Menschen der Welt durch das Opfer des Lammes Gottes ewig errettet werden – vorausgesetzt, sie glauben an Jesus, der am Kreuz von Golgatha geopfert wurde.

---

[146] Siehe auch „Lamm Gottes" in Johannes 1,36 und Offenbarung 5,6

Die Stiftshütte

Die unten durch **Fettdruck** gekennzeichneten Elemente der Stiftshütte werden im Neuen Testament eindeutig als Typen für Jesus verwendet. Aber auch bezüglich der anderen Elemente ist zu erwägen, ob sie nicht Schatten der Erlösung durch Jesus sind. Wir merken, dass die Anordnung der Gegenstände der Stiftshütte von außen nach innen, vom Tor zum Gnadenthron, jeweils eine kontinuierliche und logische Fortsetzung und Steigerung des Bildes des Glaubens haben.

1. Das einzige Tor des Vorhofes (2. Mose 38,18) kann Christus als den einzigen Weg zu Gott versinnbildlichen (Johannes 10,9; 14,6; Apg. 4,12).

2. **Der Brandopferaltar** (2. Mose 38,1-7) versinnbildlicht Christus als unser Opfer.

   Denn wenn das Blut von Böcken und Stieren und die Asche einer jungen Kuh, auf die Unreinen gesprengt, zur Reinheit des Fleisches heiligt, *wie viel mehr wird das Blut des Christus*, der sich selbst durch den ewigen Geist als Opfer ohne Fehler Gott dargebracht hat, euer Gewissen reinigen von toten Werken, damit ihr dem lebendigen Gott dient!" (Hebräerbrief 9,13-14 - Elb)

3. Das bronzene Becken (2. Mose 38,8) kann die tägliche Reinigung, die wir in Christus erleben, versinnbildlichen (Eph. 5,25.26; Joh. 13,7-10; 1. Joh. 1,7-9).

4. Der Leuchter (2. Mose 37,17-24) kann Christus als unser Licht und das Licht Seines Wortes versinnbildlichen (Johannesevangelium 8,12).

5. Der Tisch für die Schaubrote (2. Mose 37,10-16) kann Christus als unser tägliches Brot versinnbildlichen (Johannesevangelium 6,35; 1. Kor. 11,24).

6. Der Räucheraltar, an dem die Priester für das Volk beteten (2. Mose 37,25-28; 1. Chron. 6,34; Lukas 1,8-9.13.16-17), kann Christus als unseren Fürsprecher versinnbildlichen (Heb. 7,25).

7. **Der Vorhang** (2. Mose 36,35-36) versinnbildlicht Christus als unseren Eingang in die Gegenwart Gottes.

Da wir nun, Brüder, durch das Blut Jesu Freimütigkeit haben zum Eintritt in das Heiligtum, den er uns eröffnet hat als einen neuen und lebendigen Weg **durch den Vorhang - das ist durch sein Fleisch.**" (Heb. 10,19-20 - Elb)

8. Die Bundeslade (2. Mose 37,1-5) kann Christus in uns versinnbildlichen – die Gegenwart Gottes (Gal. 2,20; Kol. 1,27. Vgl. 2. Mose 25,22).

9. **Der Gnadenthron** (2. Mose 37,6), der auf der Bundeslade war (der goldene Deckel auf der Lade), versinnbildlicht Christus als unseren Versöhner (1. Johannesbrief 2,2; Römerbrief 3,25). In der Elberfelder Übersetzung von Hebräerbrief 9,5 wird der Begriff ἱλαστήριον mit „Versöhnungsdeckel" übersetzt. In Römerbrief 3,25 wird ἱλαστήριον als „Sühneort" übersetzt. Der Gnadenthron ist die Stelle der Versöhnung. Gott ist durch das geflossene Blut Jesu zufriedengestellt.

„ ... oben über ihr aber die Cherubim der Herrlichkeit, die den **Versöhnungsdeckel** überschatteten, von welchen Dingen jetzt nicht im einzelnen zu reden ist (Hebräerbrief 9,5 - Elb).

„Ihn hat Gott hingestellt als einen **Sühneort** durch den Glauben an sein Blut zum Erweis seiner Gerechtigkeit wegen des Hingehenlassens der vorher geschehenen Sünden ...." (Römerbrief 3,25 - Elb)

„Lasst uns nun mit Freimütigkeit hinzutreten zum **Thron der Gnade,** damit wir Barmherzigkeit empfangen und Gnade finden zur rechtzeitigen Hilfe!" (Hebräerbrief 4,16 - Elb

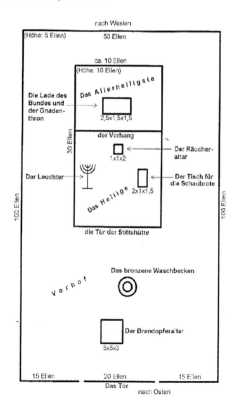

D. Gegenstände werden als Bilder oder Typen für Jesus verwendet

Ein Spross und ein Schössling wurden von Jesaja als Typen für Jesus verwendet, im Zusammenhang mit einer Prophetie.

Jesaja schreibt die folgende Prophetie über den Messias und verwendet dabei zwei Gegenstände, einen Spross und einen Schössling.

Und ein **Spross** wird hervorgehen aus dem Stumpf Isais, und ein **Schössling** aus seinen Wurzeln wird Frucht bringen. Und auf ihm wird ruhen der Geist des HERRN, der Geist der Weisheit und des Verstandes, der Geist des Rates und der Kraft, der Geist der Erkenntnis und Furcht des HERRN; und er wird sein Wohlgefallen haben an der Furcht des HERRN. Er wird nicht richten nach dem, was seine Augen sehen, und nicht zurechtweisen nach dem, was seine Ohren hören, sondern er wird die Geringen richten in Gerechtigkeit und die Elenden des Landes zurechtweisen in Geradheit. **Und Er wird den Gewalttätigen schlagen mit dem Stab seines Mundes und mit dem Hauch seiner Lippen den Gottlosen töten.** Gerechtigkeit wird der Schurz seiner Hüften sein und die Treue der Schurz seiner Lenden." (Jesaja 11,1-5 - **Elb**)

In einer Zeit, in der Israel und die Familie Isais (des Vaters Davids) sehr niedergeschlagen sein wird, wird ein Spross hervorgehen, ein Schössling. Dieser wird zunächst nicht imponierend aussehen, aber Er wird im Geist des HERRN wirken, nämlich mit Weisheit, Verstand, Rat, Kraft, Erkenntnis und der Furcht des HERRN.

Wir erkennen anhand von Vers 4, dass damit Jesus der Messias gemeint ist, der mit Macht herrschen wird. Der Spross und der Schössling werden verwendet, um den einfachen, aber frischen Anfang des Dienstes Jesu zu beschreiben.

VIII. Wir erkennen und predigen die Trajektorien im Alten Testament, die zu Jesus Christus führen

Der Ausdruck „Trajektorie" bezeichnet Themen aus dem Alten Testament, die im Neuen Testament aufgegriffen und in Bezug zu Jesus gesetzt werden bzw. in ihm ihre Erfüllung finden. Das Aufgreifen im Neuen Testament erfolgt durch (1) Erklärung, (2) Ergänzung, (3) Erfüllung, (4) Vollendung oder auch durch (5) einen Gegensatz. Das allgemeine Prinzip einer Trajektorie wird von Jesus selbst bestätigt:

> Meint nicht, dass ich gekommen sei, das Gesetz oder die Propheten aufzulösen; ich bin nicht gekommen, aufzulösen, sondern zu erfüllen." (Matthäus 5,17 - Elb)

Don Carson, Forschungsprofessor an der Trinity Evangelical Divinity School, nahm bei einem Podiumsgespräch Stellung zum Gebrauch von Trajektorien:

> Als Gott in seiner großen Weisheit die ganze Bibel zusammenstellte, webte er Trajektorien ein ... die alle mit Jesus enden ... [147]

Carson beobachtet, dass es zwanzig bis dreißig sehr wichtige Trajektorien gibt, die im Alten Testament vorkommen und dann im Neuen Testament aufgegriffen und abschließend behandelt werden; hinzu kommen noch sechzig bis siebzig weitere, die ebenfalls erkennbar sind. Carson führt aus, dass diese Trajektorien – richtig verstanden und einge-

---

[147] Don Carson, Panel Discussion on "Preaching from the Old Testament", (Podiumsdiskussion zum Thema "Die Predigt aus dem Alten Testament"). National Conference of the Gospel Coalition, Chicago, April 12, 2011. Üb. aus dem Englischen. http://thegospelcoalition.org/resources/a/preaching_from_the_old_testament

ordnet – dabei helfen, die Botschaft der ganzen Bibel zusammenzuhalten. Desweiteren befähigt die Beachtung biblischer Kategorien und Trajektorien den Leser dazu, Jesus durch die gesamte Bibel hindurch zu sehen und „ganze Synthesen zu erstellen, die sich mit Christus dem König, Christus dem Tempel, Christus das Passahlamm, usw. befassen"[148]

Viele Themen des Alten Testaments finden ihre endgültige Erfüllung in der Verbindung zu Jesus, wie beispielsweise: Tempel, Glaube, Rettung, Sündenvergebung, Gericht der Sünde, Überwindung von Versuchungen, Leiden, Verfolgung, Trübsal, Krankheit, Verlust, Endzeit, Israel, Auferstehung, Verantwortung, Gebet, Belohnung, Segnungen der Gläubigen, Sinn im Leben, Familie, Väter, Söhne, Ehe, Freude, Ruhe, Leitung, Anbetung, Dankbarkeit, Preis und Lob, Ausdauer, Fleiß, Zufriedenheit, Freundlichkeit, Freunde, Wahrheit, Treue, Ehrlichkeit, Demut, Ehrlichkeit, Eifer, Gerechtigkeit, Liebe, Macht, der neue Himmel und die neue Erde, usw. Zwei repräsentative Beispiele sollen dieses Konzept im Folgenden veranschaulichen.

Aussagen über „Hirten" führen den Leser durch das Alte Testament hindurch zu Jesus im Neuen Testament, der der vollkommene Hirte ist.

Der HERR (Jahwe) wird in Psalm 23 als unser Hirte vorgestellt, der uns versorgt, ernährt, erquickt, bewahrt und ewiglich segnet.

Das Thema wird später erneut aufgegriffen, zum Beispiel in Hesekiel 34. Falsche Hirten werden gerichtet, die die schwachen Schafe nicht stärken, die kranken Schafe nicht heilen, die verletzten Schafe nicht verbinden und die verlore-

---

[148] Ebd.

ne Schafe nicht suchen. Sie herrschen mit Härte und Gewalt (34,1-10a). Jahwe, der vollkommene Hirte, bringt Rettung (34,10b-22), setzt den „Unterhirten" David ein (34,23-24) und schließt einen ewigen Bund des Friedens mit der Herde (34,24-31).

Und ich will einen Bund des Friedens mit ihnen schließen und alle bösen Tiere aus dem Lande ausrotten, dass sie sicher in der Steppe wohnen und in den Wäldern schlafen können. ... Ja, ihr sollt meine Herde sein, die Herde meiner Weide, und ich will euer Gott sein, spricht Gott der HERR. (Hesekiel 34,25.31- Lut)

Im Johannesevangelium, in den Kapiteln 10 und 21, wird Jesus als der gute und vollkommene Hirte offenbart. Diese Offenbarung stellt die Erfüllung und Vollendung des Hirtenthemas dar. Viele andere Stellen können natürlich ergänzend verwendet werden, um eine Predigt über den Hirten zu bereichern. Eine Predigt zu diesem Thema sollte aber Jesus als den vollkommenen Hirten betonen.

Das Thema der Errettung und seine Erfüllung in Jesus ist eines der wichtigsten Themen in der Bibel.

Zur Zeit Noahs rettete Gott dessen Familie durch die Sintflut hindurch.

Zur Zeit Abrahams errettete Gott Lot aus den Händen der vier Könige aus dem Osten.

Zur Zeit Josephs errettete Gott Jakobs Familie vor einer Hungersnot.

Zur Zeit Moses errettete Gott Israel aus Ägypten.

Zur Zeit Josuas errettete Gott Israel im Kampf gegen die südliche Allianz und gegen die nördliche Allianz der Könige.

Zur Zeit der Richter rettete Gott Israel vor mehreren Unterdrückern.

Zur Zeit des Königs Saul, des Königs David und anderer Könige rettete Gott Israel vor Angriffen durch andere Völker, wie z.B. die Philister und die Syrer.

Durch das ganze Alte Testament hindurch errettet Gott Israel immer wieder, wenn es Buße tat und Gott wieder vertraute.

Das Thema „Errettung" wird im Neuen Testament endgültig erfüllt durch die Errettung durch Jesus von Sünde, Tod und Teufel. Andere Rettungen waren nur vorläufig, nicht dauerhaft. Israel wurde zwar gerettet, aber nach einigen Jahren musste es erneut errettet werden. Auch die geistliche Errettung der Menschen wurde nicht vollendet bis Jesus schließlich am Kreuz für die Sünden der Menschen starb (Römerbrief 3,22-26). Die Errettung durch Jesus ist eine dauerhafte, vollkommene Errettung, die gegenwärtige und zukünftige Aspekte einschließt.

Es besteht die Möglichkeit, in einer Predigt eine Folie zur Veranschaulichung einer Trajektorie zu verwenden.

Trajektorie der „biblischen Rettungen"

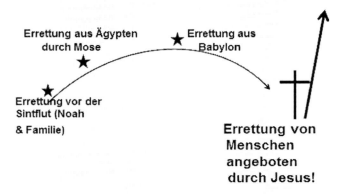

Trajektorie der „Ablehnungen Gottes"

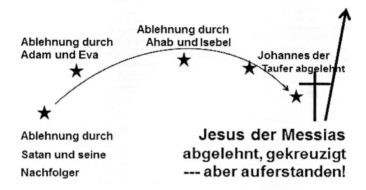

Ablehnung durch
Adam und Eva

Ablehnung durch
Ahab und Isebel

Johannes der
Taufer abgelehnt

Ablehnung durch

Satan und seine

Nachfolger

**Jesus der Messias
abgelehnt, gekreuzigt
--- aber auferstanden!**

IX. Wir erkennen und predigen Jesus Christus, wo Er im Kontrast zu Menschen im Alten Testament offenbart wird.

Der Hebräerbrief enthält zahlreiche Kontraste bezüglich der Priesterschaft Aarons und der Priesterschaft Jesu. Die Priesterschaft Jesu ist unbeschreiblich besser als die Priesterschaft Aarons. Jesus ist ein vollkommener Priester; die Priester im Alten Testament waren Sünder und mussten für ihre eigenen Sünden opfern. Sie mussten ständig Opfer bringen, Jahr für Jahr. Jesus hat ein einmaliges Opfer gebracht, das für alle Zeit gilt. Die Priester im Alten Testament mussten sterben. Jesus ist das Leben; er lebt und verwendet sich für uns. Wenn Prediger die Priesterschaft im Alten Testament behandeln, sollten sie die Aufmerksamkeit der Zuhörer auf Jesus lenken!

Auch die Propheten und die Könige im Alten Testament waren nicht vollkommen. Selbst die guten Propheten haben nicht das letzte Wort gesprochen. Das letzte Wort wurde uns durch Jesus und durch den Heiligen Geist gegeben, den Jesus uns durch den Vater gesandt hat (Johannes 1,1-3.14; 16,7.13; Heb. 1,1-2). Die Könige waren alle Sünder und haben Irrtümer und Sünde begangen. Jesus ist unser vollkommener Hirte, Prophet, Priester und König.

Wenn wir über Priester, Propheten oder Könige predigen oder auch über andere Themen im Alten Testament, zu denen im Neuen Testament eindeutige Kontraste zu Christus aufgezeigt werden, bietet es sich an, die Vollkommenheit Jesu in so einem Zusammenhang zu betonen. Es wäre erbauend für unsere Gemeinden, ihnen immer wieder aufzuzeigen, dass Jesus vollkommen ist – unser vollkommener Erlöser, Retter, Lehrer und Freund.

X. Wir erkennen und predigen Christus dadurch, dass wir menschliche Nöte und ihre Lösungen im Alten Testament auslegen und ähnliche Nöte im Neuen Testament erkennen. Die endgültige und vollkommene Lösung für unsere Zuhörer ist die Lösung durch Christus im Neuen Testament.

Dies ist die Vorgehensweise, die von Brian Chapell in seinem hervorragenden Lehrbuch über Homiletik befürwortet wird.[149] Diese Methodik betont die Tatsache, dass Christus nicht gekommen ist, um das Alte Testament aufzulösen, sondern um es zu erfüllen (Matt. 5,17). Gleichzeitig wird berücksichtigt, dass die endgültigen Lösungen für die Nöten der Menschen in Christus liegen. Das Alte Testament bietet Antworten für die Nöte der Menschen im Alten Testament, aber ohne die Offenbarung des Neuen Testaments dringen heutige Bibelleser nicht zu der endgültigen, vollkommenen und vollständigen Lösung in Christus vor.

Nachdem der Prediger eine menschliche Not und ihre Lösung anhand einer Stelle aus dem Alten Testament unter Verwendung der üblichen exegetischen Prinzipien erarbeitet hat, kann er nach derselben oder einer ähnlichen Not im Neuen Testament suchen und auf die endgültige Lösung durch Christus im Neuen Testament hinweisen. Die Lösung durch

---

[149] *Christ-Centered Preaching - Redeeming the Expository Sermon [Christuszentriert Predigen - Rettung der Auslegungspredigt],* Grand Rapids: Baker Academic, 2. Edition, 2005. Siehe besonders Teil 3: „A Theology of Christ-Centered Messages", 269-328.

Jesus kann entweder als Auslegung oder als Anwendung gepredigt werden. Im Folgenden zwei Beispiele dazu:

Das Gericht von Nadab und Abihu im Alten Testament und das Gericht an Hananias und Saphira im Neuen Testament

Nadab und Abihu, die beide Priester und Söhne von Aaron, wurden vom Herrn gerichtet, als sie ein fremdes Feuer opferten (3. Mose 10). Wir können diesen Text zunächst innerhalb des Alten Testaments auslegen. Nadab und Abihu standen am Anfang einer großen biblischen Periode (nämlich der des Gesetzes) an der Spitze der Leitung Israels, doch in ihrem Hochmut handelten sie egozentrisch und „brachten so ein fremdes Feuer vor den HERRN, das er ihnen nicht geboten hatte" (3. Mose 10,1). Die Lösung im Alten Testament bestand darin, dass Gott sie richtete. Sie wurden vom Herrn bestraft, sodass sie starben. Warum? Am Anfang dieser Periode des Gesetzes sollte niemand als Leiter des Volkes gegen die Anordnungen Gottes sündigen – und auf diese Weise persönliches Ansehen beim Volk gewinnen. Gott wollte offensichtlich ein Zeichen setzen und eine Warnung vor solchen abtrünnigen Handlungen durch Leiter liefern. So könnte man diese Stelle innerhalb des alttestamentlichen Rahmens predigen. Doch bis zu diesem Punkt wird Jesus, unser Herr, nicht erwähnt.

Im Neuen Testament gibt es einen Bericht, der dem über Nadab und Abihu im Alten Testament stark ähnelt. Ananias und Saphira wollten am Anfang eines ebenfalls großen Zeitalters – dem Zeitalter der Gemeinde – durch Heuchelei Ansehen in der Gemeinde gewinnen. Auch Ananias und Saphira wurden von dem Herrn gerichtet und beide starben. Die Folge war eine große Furcht vor solch einer Heuchelei und eine

Reinigung der Gemeinde. Die Anwendung in der Predigt ist naheliegen: Wir sollen nicht versuchen, durch Heuchelei im Leib Christi Ansehen zu bekommen. Christus ist der Herr und das Haupt der Gemeinde. Er sollte das Ansehen bekommen. Vertrauen wir Jesus oder suchen wir die Anerkennung von Menschen? Geben wir Jesus die Ehre – oder suchen wir nur Ehre für uns selbst? Lasst uns unsere Sünden bekennen und Jesus von ganzem Herzen für die Vergebung unserer Sünden vertrauen!

Die Herausforderung für Josua im Alten Testament und eine ähnliche Herausforderung für die Gemeinde im Neuen Testament

Was war die Not für Josua als er vor Jericho stand? Die Stadt war gemauert. Es wäre unmöglich für die Israeliten gewesen, diese Stadt zu erobern. Aber das, was Menschen unmöglich ist, ist Gott möglich. Es war für Josua eine große Herausforderung. Israel sollte Gott vertrauen. Als die Israeliten unter Josua die Herausforderung bei Jericho Gott anvertrauten und den Anweisungen Gottes folgten, eroberten sie die Stadt. Die Mauern der Stadt fielen durch die Macht Gottes, weil das Volk Gott vertraute und ihm gehorchte.

Wir sehen im Neuen Testament eine ähnliche Not und die Lösung durch Jesus. Die Gemeinde stand vor der großen Herausforderung, der „Mauer", den Heiden das Evangelium zu verkündigen. Sie sah große kulturelle Barrieren, die der Verkündigung des Evangeliums unter den Heiden im Weg standen. Wir lesen im Neuen Testament von der Lösung: der Geist Gottes persönlich öffnete die Türen zu den Heiden. Zuerst in Cäsarea durch den Dienst des Petrus im Hause des Cornelius[150] und dann durch die Berufung von Paulus als

---

[150] Apostelgeschichte 10.

Apostel zu den Heiden,[151] wurden die Türen zu den Heiden geöffnet. Paulus lehrte, dass gläubige Heiden Mitbürger im Reich Gottes sind. Im Glauben hat die frühe Gemeinde ihre Arme und Herzen für die Heiden geöffnet und ihnen Christus gepredigt. In gleicher Weise sollen wir Jesus vertrauen, um Fremde zu erreichen.

---

[151] Epheserbrief 3,1-10.

Zusammenfassung

Der Prediger sollte bei der Auslegung des Alten Testaments die wichtigste Botschaft der Bibel, nämlich Gottes Plan für die Verherrlichung Gottes durch die Erlösung von Menschen, die Seinen Sohn Jesus Christus annehmen, nicht außer Acht lassen. Wenn Menschen nur durch Jesus gerettet und im Glauben gestärkt werden können, sollten Predigten sowohl aus dem Alten wie auch aus dem Neuen Testament diese Botschaft deutlich verkündigen. Jesus selbst bezeugt, dass Er im Gesetz, in den Propheten und in den Schriften des Alten Testaments offenbart wird. Man kann Jesus im Alten Testament auf Schritt und Tritt entdecken.

Prediger sollten Jesus als Gott im Alten Testament erkennen. Weil Jesus für sich in Anspruch nahm, Gott zu sein, wollten die Juden ihn steinigen. Die Juden hatten Jesus richtig verstanden: Er nahm für sich in Anspruch, der einzig wahre Gott, der Gott des Alten Testaments, zu sein.

Die Bezeichnung „Gott" im Alten Testament bezieht sich deshalb nicht allein auf den Vater in der Dreieinigkeit, sondern auf die ganze Dreieinigkeit, nämlich Gott den Vater, Gott den Sohn und Gott den Heiligen Geist. Alle drei Personen der Dreieinigkeit sind völlig Gott. Wie alle drei Personen der Dreieinigkeit an der Erschaffung der Welt beteiligt waren (1. Mose 1,1-3; Johannes 1,1-3.14; Kol. 1,16-17; Heb. 1,1-3), existieren und wirken sie immer in vollkommener Einigkeit und Harmonie.

Sowohl die ewigen Eigenschaften Gottes als auch die Werke der Errettung und des Gerichts Gottes im Alten Testament beschreiben Eigenschaften und Werke des dreieinigen Gottes – deshalb auch Eigenschaften und Werke Jesu. Nachfolger Jesu Christi können durch Erkenntnisse über Jesus in den alttestamentlichen Berichten bereichert werden.

Zusätzlich wird Jesus im Alten Testament sowohl durch Prophetien und Bilder als auch durch persönliche Erscheinungen als Jahwe und als Engel des HERRN erkannt. Abraham, Mose, Jesaja und viele andere im Alten Testament sind Jesus begegnet. Er führte und versorgte Sein Volk in der Wüste und durch das ganze Alte Testament hindurch. Viele Themen aus dem Alten Testament werden im Neuen Testament aufgegriffen und fortgesetzt, wo sie ihre Erfüllung und Vollendung in der Beziehung zu Jesus finden.

Jesus ist nicht wichtiger als die anderen Personen der Gottheit, aber in der Souveränität Gottes ist Jesus unser Mittler und Erlöser geworden, den der Vater gesandt hat und den der Heilige Geist verherrlicht, damit Menschen durch Ihn gerettet werden. Deshalb sollte Jesus nicht marginalisiert werden, weder in Predigten aus dem Neuen Testament noch in Predigten aus dem Alten Testament, sondern völlig anerkannt und leidenschaftlich gepredigt werden.

Wichtige Quellen

Bock, Darrell L. „Single Meaning, Multiple Contexts and Referents: The New testament's Legitimate, Accurate, and Multifaceted Use of the Old", in *Three Views on the New Testament use of the Old Testament*. Walter Kaiser, Darrell Bock und Peter Enns, authors. Herausgegeben von Stanley Gundry, Kenneth Berding und Jonathan Lunde, Herausgeber. Grand Rapids: Zondervan, 2008. S. 105-151.

Chapell, Bryan, Moderator. Video einer Podiumsdiskussion auf English zum Thema „Preaching from the Old Testament". Diskussionspartner: Don Carson, Tim Keller, Crawford Loritts und John Piper. Auf der Konferenz der "The Gospel Coalition" in Chicago im April 2011. Dauer: knapp 50 Minuten. Web site: http://thegospelcoalition.org/resources/a/preaching_from_the_old_testament

Chapell, Bryan. Christ-Centered Preaching - Redeeming the Expository Sermon. Baker Academic, 2005. 400 Seiten. Dieses Buch ist ein Lehrbuch über Homiletik, die Chapell, Präsident von Covenant Seminary in St. Louis, jahrelang gelehrt hat. Im letzten Teil des Buches bietet er eine Theologie christuszentrierter Botschaften.

Goldsworthy, Graeme. Preaching the Whole Bible as Christian Scripture – The Application of biblical Theology to Expository Preaching. Eerdmans, 2000. 272 Seiten.

Greidanus, Sidney. Preaching Christ out of the Old Testament - A contemporary Hermeneutical Method. Eerdmans, 373 Seiten. Dieses Buch ist meines Erachtens das klassische Buch zu diesem Thema.

Grudem Wayne, *Systematic Theology.* Grand Rapids: Zondervan, 1994.

Huhn, Karsten. Lassen sich alttestamentliche Bibeltexte ohne direkten Bezug auf Jesus Christus christozentrisch predigen? M. A. Dissertation, University von Gloucestershire und Freie Theologische Akademie, 2008.

Schirrmacher, Thomas. Christus im Alten Testament. Hamburg: Reformatorische Verlag Beese. Reformatorische Paperbacks, 2001. Schirrmacher behandelt besonders das Thema „Engel des HERRN" im Alten Testament.

Warfield, Benjamin B. "The Biblical Doctrine of the Trinity". In *Biblical and Theological Studies*. Philadelphia: The Presbyterian and Reformed Publishing Company, 1968. S. 22-78.

Wright, Christopher J. H. Knowing Jesus through the Old Testament. Monarch Books, 1992. 256 Seiten.